中公文庫

わが封殺せしリリシズム

大島　渚
高崎俊夫編

中央公論新社

わが封殺せしリリシズム　目次

第二章　わが思索、わが風土　97

特別付録 263

わが封殺せしリリシズム

第一章●私の生存の意味

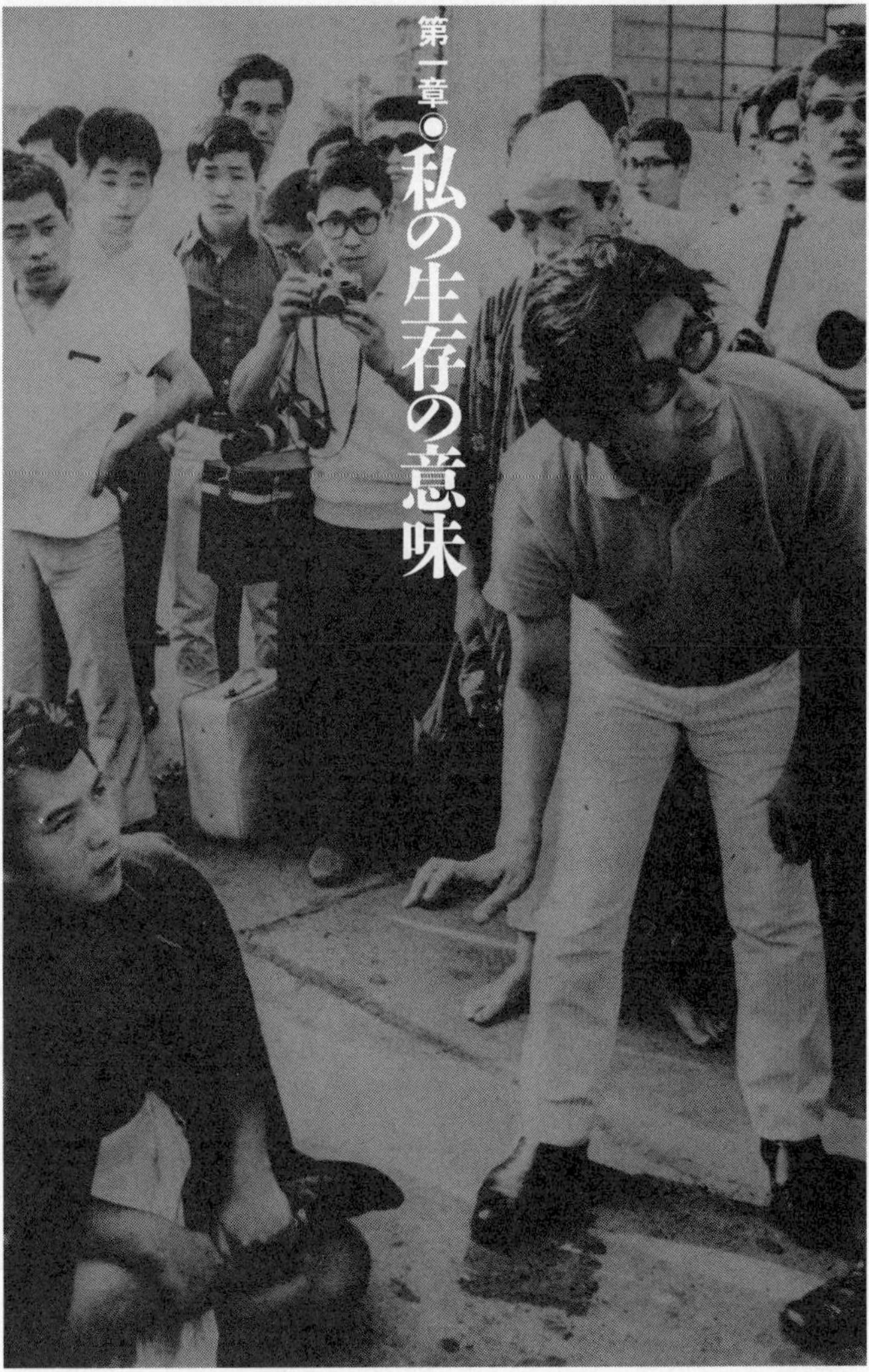

『夜の鼓』について

田舎道を遠くから駈けて来る一騎「下に！ 下に！」その馬上の武士。武士の後姿からパンして茶店にいた百姓、町人達が土下座の準備。遠くから来る大名行列、大写しで駕籠《かご》が行く。土下座の百姓の七分身。大写しで荷物が行く。土下座の百姓の大写し、顔に吹き出る汗。行列の中の小倉彦九郎の半身、汗のしみ通った衣服。過ぎ行く堂々の大名行列そしてタイトル。

優れた出だしである。人間の姿さえ見せぬ別の人間の前に、或いは物の前に、長い時間額《ひたい》を地につけなければならぬ無惨な姿、また別の人間は他の人間のひざまずく前を通りながら、実は後者と同じような肉体の酷使を強いられている哀れな姿、人間をそのような状態の中に閉じこめる歪《ゆが》んだ社会――封建社会の姿を、僅か九カットの中に描き尽してあます所がない。しかも構図は正確、リズムは十分な節度を保っている。

歪んだ社会の仕組みの中で、美しい正しい人間達が脅かされ苦しめられている。或る者は時代と社会の圧力の中で哀れにも敗れ去り（『また逢う日まで』『ひめゆりの塔』『米』『純愛物語』）、或る者は苦しみながら未来に人間と社会にとってより良き時代が来るとの予想の下に闘いを続けて行く（『青い山脈』『どっこい生きている』『山びこ学校』『ここに泉あり』）。そのいずれの場合にも今井正《ただし》は、歪んだ社会と人間に対する社会科学的認識と歪んだ社会への怒りと哀れな人間へのヒューマニスティックな同情とを根底に、更に表現に当っての極端な合理的精神の駆使に依って、つねに清潔で素直な感動を観客の中に呼び起こして来た。そしてその方法の最大の成果として、また日本映画の一つの時代の記念碑として、『真昼の暗黒』はさん然と輝いている。

「何！　種が不義を働いたと！……まことなら一大事じゃ、二度と口にのぼすな！」
この言葉のすぐ後、観客は初めて彦九郎の妻種を見る。一年二ヵ月の夫の留守中に不義を働いたかも知れぬ種を観客は注視する。その気持に応えてキャメラは、しつように種を追う。表情には明らかに心理的な動揺が読みとれる。また文六が「お帰りになった！」と言ったあとの大写し、土産物を配れと言われたあとの「はい」というセリフ、夜になって夫と一年二ヵ月ぶりの差し向い、盃を出されて首を振る顔、更に二度目に盃を出されてあとの二つの大写し、いずれも精神的な苦悩が重い動作・押さえた声・不自由な表現で表現されている。
だがしかし、人間は内心に苦悩があったとしてもそれをいつも表面に出すものであろうか？　ましてその苦悩を絶対に知られてはならない時に！　また、一年二ヵ月ぶりに夫を迎える女には苦悩だけがあって喜びはなかったのか？　たとえ不義という大罪を犯したにせよ、自害せずに夫を待っていたのは、生きたい！　生きるとは夫との生活のすべてを生きること、その生活への燃えるような執着と欲望があったからこそ待っていたのではないか、一年二ヶ月ぶりの差し向い、夫の手から盃が落ち、夫は灯を消し、夫はひしと妻を抱く、その姿を今井正は全景でしかとらえない、最も平板で説明的な撮り方でしか。しかも妻は殆《ほと》んど自分から体が動いて行かないのだ！

　社会と、それに直接関り合う人間の行動と感情をとらえる時、あれ程正確であった今井正のイメージが一人の女の本能的な生《なま》の生理と心理を描く時、早くも破たんを見せ始めたのである。それは根本的には人間のとらえ方の誤り、すなわち人間の内部の世界の分析と論理化の欠如或いは不足、具体的には表現の場合の演技指導とキャメラの据え方の問題である。

　妻に何かあったかと問いに来た彦九郎に応対するゆらと母の思わせぶりな大写し、「何もなかったのか？」と問う彦九郎へ「はい」と答える種の大写し、彦九郎が安心したあと突如女中を呼ぶなど、いずれも表現のための表現であって人間の生理と心理の自然なものではない。殊に種は前後十回くらい「はい」という返事をするが全く息だけの含み声、普通の人間はこんな声は出さない。恐らくはラジオドラマの悪影響をそのまま見逃したものであろう。

親族会議になると、やや高目から見下すキャメラが久しぶりに今井正らしい画面の中に人間の背後の暗い社会を表現する。ただ種の妹藤が桃祭りの話を始めた時、彦九郎を一度も写さないのはどういう訳か？　彦九郎は種に宮地との交渉について問うた時、その話は聞いてない筈、疑惑を抱く顔は必要であるがこれは明らかにミスであろう。また、このように過去の事実が或る人物の口から語られる場合、その話が画面に写ると大変客観的に感じられる。実はその人物はそんなに客観的に語る筈がないのに画面は客観的で、したがってその話を聴く他の人物はそのあと観客の知ったと同様に客観的に事実を知った形で次の行動をする。これは一種のインチキではないか？　殊に種が夫に告白する場合にその感が深い。

姦通の事実を問い訊す彦九郎と答えない種をキャメラはだんだん大きく写して行く。これは今井正の合理精神に支えられる表現方法である。しかし表現されなければならないものが人間の非合理的な本能的なものであるこの場合、適当な方法ではない。問いつめられた妻は立ち上り手前へ逃げ更に奥へ逃げる、夫は動いて再び二人の画面、種の涙をたたえた極端な大写し、それがパッと動く所でカットが変わり全景で夫にしがみつく妻は告白の形になる。この場面以外もそうだが夫と妻のすべての場面で体の行動に至る心理の過程は大写しのカットバックで、行動は全景で描かれている。しかしここでとらえられなければならなかったのは行動の頂点において人間がどんな顔をしているかということではないか。ここにも人間の内部世界、その生理と心理を自分の中に感覚出来ていない今井正の欠陥が表われている。

　さて、種は何故姦通したか。

先ず床右衛門の酒の相手をしている場面、種の二つのセリフ「当り前では御座いませんか」「そうで御座いますか」の尻上りのイントネーションが気になる。突如として表われたコケットリイ！　しかしこれは間違いではない、夫との場面で表現されていないからいけないのだ。むしろここではもっとコケティッシュであっていい。ただ大事なことはそのような言い方で自分の夫のことを語っている間に、種の生理には変化が起こっているのだ。だからこそ夫の帰りが遅れると言われるとそれは単に心理的だけではない衝撃なのだ。したがって男が襲いかかりその腕の中に抱き締められ白刃に脅かされた時、そして鼓師宮地の謡に男が逃げ去った後、種の体の女である部分は既に男を受け入れる生理的状態にあったのだ。だから酒を飲むことも、宮地に口止めをするためにその部屋へ行ったことも、確約を得るためにつけざしをしたことも、すべてそうした理由づけの下に自己の理性を麻痺させながら種の生理は男を求めて行ったのである。そしてそのことは人間の自然であり、そのことが一年二ヵ月の夫の不在という非人間的な状況の中に惹き起こされたからこそ種は悲劇的なのである。だからそれを描き尽してこそ人間の自然を歪める社会への痛烈な抗議という主題が見事に浮かび出たであろう。

　しかし残念ながら映画はそのようには描かなかった。床右衛門に抱きすくめられたあとの種はただ嫌悪と恐怖の感情にのみとらわれており、宮地との交渉では全然余裕がなく、単に気狂いのようにムキになって口止めの約束を求めるだけなのである。心理も生理も全く固定していて、それは絶対に人間の姿ではない。同様なことは妻をなぐりまくる彦九郎に就いても言える。彦九郎は何故怒るのか、その内容は表現されていない。その内容は少なくとも男の感覚にぐんと応える生理的な怒りと社会的な存在としての自己の立場に依って規定される意識の苦痛との二つの契機を含まねばならない。そしてこの場合当然最初は前者が主なものであり、次第に後者が彦九郎を浸して行きその故にこそ最後は妻をなぐる気力も失せて茫然と立ちすくまねばならないのだ。

　朝。一夜怒りと苦しみに悶え抜いた彦九郎の疲れ果てた後姿、静かに鳥の声、それに導かれたように鎮魂の音楽が始まる。彦九郎がふりむく。背を向けて哀れな種の姿。彦九郎が近づいて二人の全景へ「種、何故そんなことをしてくれた」この言葉には既にあらゆる生理的意識的怒りと苦しみを超えて妻を許そうと努める夫の心がこもっている。次は種中心に二人の半身「お帰りが遅くなると聞いて心のタガがゆるんだので御座いましょう」これは姦通の場面の表現とは合わないが、言葉の上では真実を伝えている。二人の心はここで触れ合う。キャメラはそれを表現するかのように二人の半身のカットを重ねる。そして夫は妻を抱き、肩をなでてやる。彦九郎の心には妻の不義を許し隠して一緒に生きて行こうという気持がわいたであろうか。その時、人々が入って来る。二人の半身。人々の半身。抱き合っていた二人は離れる。ここまでは実にすぐれた表現である。あらゆる制約を超えようとする彦九郎の心情の美しい部分に支えられて、二人の心が触れ合う姿がキャメラの正確な構図によって表現性を増しながら描かれている。だからこそ人々に見つめられて彦九郎が種を離した時、それは二人にとって取返しのつかないことであったのだ！

彦九郎の妹ゆらが種の成敗を彦九郎に迫る。彦九郎は決心して立つ。部屋の片隅で短刀を出す夫。入って来る妻。対座する二人の全景「二度と妻を持たん！」妻「死んでお詫びを！」見つめる夫。妻は膝をしばる。妻は短刀を取る。夫「刃を横に！」妻は胸元を開く。夫「思い切って突くんだ！」構える妻。夫（このカットからキャメラ斜めに歪む）妻。夫。妻は短刀を落す、夫立つ。刀を取って妻を斬る夫。血にぬれた刃。人々入って来る。（キャメラの歪み直って）この部分に再び今井正の方法の誤ちが集約的に表われる。先ず何故キャメラを歪めたか？　これは今井正の合理的精神に外ならない。キャメラを歪めればどれだけの効果が上るかという計算がある。その計算自体は悪くはない。それだけでは表現し尽せないものがあることを忘れるからいけないのだ。表現し尽せなかったものはこの場合人間の非合理的な情熱だ。だから次に、一旦妻を許そうとした夫が、妻の自害をたとえ苦しみながらとはいえ傍観し自害し得ぬと知って斬り殺す、その人間の中の歪んだ部分をとらえ得ず、かつ表現し得なかったのだ。今井正は夫の苦しみを同質のものとしてカットバックする。しかしそれは断じて同じものではない。この場合既に一方は被害者で一方は加害者なのだ。夫の中の歪んだ部分こそが直接には妻を殺してしまうのだ。

　人間の中の歪んだ社会。何故それをとらえ得ないか。答は既に明らかだ。先ず人間の生きた生理状態、その本質的な欲望と行動を摑むところから出発しなければならない。それを摑んでこそそうした人間の本来的な生理と心理が現実に触れてどのように歪んで行くかをとらえられるのだ。

　概念として、型としては、今井正は既に人間の中の歪んだ社会をとらえ始めているかに見える。彦九郎の妹ゆらの形象がそうだ。種の成敗を主張したゆら、女敵討。傍で藤がふるえているのにまなじりを決し、既に死んでいる鼓師に刀を突きさすゆら、群衆の悪罵と盛夏の太陽をじりじりと顔に受けて「公儀のお許しを得た女敵討です。

町方役人の衆はおりませんか！」と絶叫して行くゆらとそれを移動で追った今井正の姿勢、しかもそのゆらが半ダースに近い子供を持ち、吉原の遊女と遊ぶ夫を持つ妻であるという設定の中に、今井正が人間の中の歪んだ社会に鋭い眼を注ぎ始めていると感じられないだろうか。

　歪んだ社会、哀れな人間という方法の最大の成果が『真昼の暗黒』だと先に言った。ちょうどその頃からこの国の社会は内部に大きな矛盾をはらみつつ、相対的安定期に入った。常にアクチュアルな主題に立ち向って来た映画作家達は一様に混迷に陥り始めた。過去の方法では現実をとらえることが出来なくなったのである。

今井正の『夜の鼓』はその苦悶の象徴である。今井正は新しい方法を模索しつつこの作品に取り組んだ。結果は過去の方法に何が欠けていたか、新しい方法のためにどの方向に向うべきかを明らかにした。

人間の内部にわけ入り、その生理と心理の本質的なものを摑み出し、それが社会とかかわりあってどのように歪んで行くかをとらえることこそ、恐らく今後今井正が採用するであろう方法である。その方法に従ってこそ人間は自己の歪んだ部分を正し、と同時に歪んだ社会を正し、変革して行くのである。したがってその方法こそは現実の変革につながる方法である。

今、現実の変革が行き悩んでいる時、映画作家も自己の方法を持ってこれに参加しなければならないであろう。好むと好まざるとにかかわらず、戦後十三年、日本の民主化がここまで来たこと、ここまでしか来なかったことの栄光と責任の一端は日本のすぐれた映画作家達に属する。特に今井正にそれは属する。作家は時代を超えることは出来ないかも知れない。しかし作家は自己の時代を抱き締めて生きて行く外はない。今井正はそのことを最も痛切に感じている作家である。『夜の鼓』はその今井正が、新しい方法を生み出す陣痛の、犠牲多い、しかし記念すべき作品なのである。

今井正下手くそ説について

どだい今ほど今井正をケナしやすい時はない。『夜の鼓』は評判が悪かったし当らなかった。共産党はオチ目だし世の中は平穏無事だ。「社会科監督」今井正には辛い時である（もっとも、世の中が平穏無事なのは生活に恵まれた芸術家・学者・評論家にとってであって、国民大衆の生活は平穏でも無事でもないという説もある。私は或る映画サークルの会合でそう言われて、冷水を浴びた気持になった）。

中平康と増村保造《やすぞう》が猛烈に今井正をやっつけた。「とにかく演出技術が下手で」「何か言おうとしていることはわかるが、それも常識的で、大衆雑誌の倫理観みたいで」「社会批評の論文を読んだ方がいいだろうと思う」という訳だ。

今井正はこう答えた。「細かい演出技術が拙劣でも観客の心にやきつくものはあり」「私の訴えるものが常識的で大衆雑誌の倫理観であるとしても、お二人の作品はそれすら表現していないし」「両君のシャシンが比較的当らないということも考えてほしいと思います」

　何と両方とも自分だけの立場で、勝手なことを言ってるではないか！　これだから花田清輝に「映画監督などという人種は概して自己批判の精神にとぼしい」などと言われるのだ。この場合、今井正の方に中平・増村の立場が判らないのは一応しかたがないと思う。彼には芸術の歴史の或る時期には新しい動きが特に形式の革新という姿をとるということも判らないだろうし、今、日本映画の中で中平・増村が正にそういう立場を取っていることが単にその芸術的資質によるだけでなく、映画と社会の現状とも結びついていることも実感としては感じられないであろう。だが、中平・増村があれだけ言って今井正を否定した気持になり、だから自分達は新しいンだなどと考えては、全く困るのだ。

　今井正の発言や映画製作態度の根本にあるものは、映画対観客という考えである。今井正はいつも何を訴えかけようかとして映画をつくり、どうしてよく判ってもらえるかということを懸命に考えている。そのことが彼の作品を貫く素朴なヒューマニズムと、合理精神に基く演出手法となって現われている。したがって彼の作品には、人間の内部の非合理なものはとらえられていないし、人間の存在もそれ自体が非合理なのではなく、周囲の状況の不備としてしか考えられていない（しかしこのことは今井正個人が人間をどう見ているかということとは、必ずしも結びつかない。その点に就いては、今井正は作品の上では観念をタブーにし、実生活の上では観念を持とうとしていると分析した『映画批評』一九五八年六月号高倉光夫の論文が細密である）。このような今井正の態度が、戦後の日本映画を貫く一すじの赤い糸として、観客の信頼を集めて来たのは当然である。今、中平・増村が今井正を批判するためには、この今井正の方法が何故十分に革新的であり得なくなって来たかという点に就いての分析と、今もなお今井正の作品に寄せられている観客の支持の保守的な部分を打ちくだき、革新的な部分を自らの上に背負う態度とを必要とする。しかしそれは果して可能であろうか。

　中平・増村の発言及び製作態度において特徴的なのは、それがつねに映画内部に閉ざされていることである。彼等が新しさと自負するものは今までの監督がやらなかったことをやってやろう、ということに過ぎない（そのことの革新的な意味及びその限界に就いては、「それは突破口か？」で、彼等を近代主義者と規定した論文で私が述べた）。この地点で今井正を批判しても無駄である。彼等の映画対観客という考えの上にたたなくては。「ジャーナリズムは観客以上にけいべつしています」「〝いい作品だな〟と思えばお客が来ないし」「〝ロクな出来じゃない〟と見ていたら、押すな押すなの大盛況。いったいお客さんは何を望んでいるんでしょうねえ」これが観客に対する彼等の立場である。しかし彼等にとって望ましいことはこんな放言ではなく、一刻も早くそれに就いて考えることである。今井正の悪口なんか言ってるヒマはないのである。むしろ今井正の背負った問題を自分自身の問題として背負うことである。彼等は二重の重荷を負うことになるかも知れない。しかし重荷を背負えずに偉大な芸術家が生まれたためしがどこにあるか。それに、そうでなければ次々に新しい監督達が出現した時に、彼等は存在理由がなくなるではないか。重要なのは、一人のすぐれた監督が出ることではなく、多くのすぐれた監督が出て、日本映画そのものがよくなることである。それを信じなければスタッフ達は何を希望として働くのか判らないではないか。その第一歩は今井正達先人の問題を中平・増村が背負って、その上に彼等の革新をなしとげることである。果敢な発言をする勇気を持つ彼等が、重荷を背負う力量と誠実を併せ持つことである。

　最後に、中平・増村の発言は、ジャーナリズムや批評家が、彼等と観客の間に壁として立ち塞《ふさが》っているという。その点に就いては『巨人と玩具《がんぐ》』は大映系の大宣伝であったこと、そして観客は入らなかったこと、彼等は巨匠達を批判する場所を与えられていることを指摘するにとどめる。と同時に、彼等の発言がヒステリカルな調子を帯びることに就いては、無気力な批評家達に大いに責任がある。今井正にあれだけはっきりと否定的な言辞を吐いた批評家はない。

作家の衰弱――『からっ風野郎』批判

監督としては駈け出しだが、助監督として六年も撮影所にいると、映画が当るということがすごく気になる。念のため説明しておけば当るというのは観客がたくさん入るということだ。それに作家として当然観客の反応が気になる（勿論、観客の入りだけが気になり、反応は気にならない監督もいる）。ともかく映画監督が自分の仕事を思い通りにやって行くためには、今の商業映画の中では、観客の支持を得ることがどうしても必要になる。観客のことを離れて映画を考えられないわけである。

近頃、フェアプレイでない映画が当るのでいささか腹立たしい。『13階段への道』とか『からっ風野郎』とか。

観客はほんものを見たがっているのである。実際にあったナチスの残虐行為を、三島由紀夫先生の素顔を。

ところが実際に見せられたものは、ほんものらしくよそおったにせものなのだから、私はいささかどころでなく腹立たしい。ましてやそれを正面からたたく批評が余り目につかないのは全く腹立たしい。

『13階段への道』は、ナチスはこんな残虐行為をしてこんなに敗北しましたということの全くの絵解きにすぎない。観客はかねがね話に聞いていたのはこれであると納得するにすぎない。たとえその残虐が予想を上廻っていたとしても、それは驚きを呼び起こすだけでそれ以上にそのことの持つ意味殊に現在に持つ意味をもって訴えかけては来ない。

それは一つ一つの画面の選択、処理、そして画面と画面のモンタージュ、音、音楽の使用、すべての点に作家の主体が何らかかかわっていないからである。それは全く見世物にすぎないのだ。

私はこの映画の作者が誰であるか知らない。恐らく最初から見世物を作るつもりで始めたのであろう。作家の主体などをうんぬんすることは大人気ないかも知れない。恐らく、そう思って厳しい批判は現われなかったのかも知れない。しかしこの見世物は一つ目小僧や熊娘ではないのである。このような素材、重要な意味を持つ素材を作家主体とかかわりなく取扱い、そのために観客の意識のステロタイプを更に強化するだけに作用することは、明らかに許しがたい態度である。

増村保造氏の作品、三島由紀夫氏の主演した『からっ風野郎』についても痛烈な批判はなされなかった。無理もないことである。増村氏がまさにどうしようもない苦しい立場に立たされたであろうことは、誰の目にも明らかであったから。だがこれは明らかに増村氏の最悪の作品である。

先ず、増村氏は何故「ヤクザとは大変ケチでミジメったらしい奴だ」ということなどを描こうとしたのか？　それが判らない。増村氏は終始一貫現代のヒーロー、ヒロインを描いて来た。環境の神話を無視し、雰囲気を排除し、情緒を切り捨てて、自らの欲望を赤裸々にむき出して行動する人物を描き、それへの讃歌を歌って来た。その増村氏が何故みじめったらしいヤクザなどを描こうとしたのか？

私はそれは増村氏が三島由紀夫氏を主演者として使わねばならなかったからであろうと思う。増村氏は三島氏をヒーローとして使うことに或るためらいがあったのではないだろうか？　脚本（菊島隆三、安藤日出男）は勿論古めかしいヤクザの改心談である。これまでの増村氏なら思い切ったデフォルメをする筈だ、改心ほど増村氏の思想に反するものはないのだから。だが増村氏は脚本に優秀なヤクザに描かれている主人公を弱虫で臆病なヤクザに変えただけである。勿論この変更はやはり増村氏の創意の並々ならぬことを示すものである。私の友人の或る新聞記者はその点を絶讃していた。しかしそれはむしろ増村氏の社会意識の確かさを示すものではあっても作家としての主体がかかわっているかどうかとは別問題である。私はやはりいつものように三島氏を現代のヒーローとして描いてほしかった。改心なんかしない、非情なら非情で一貫する男として、むしろ優秀なヤクザとして描いてほしかった。それが増村的人間像だった筈である。増村氏はそうした人間像を全く主観的なカメラで創造することによって、作品はそれ自体独立した世界となって、社会との緊張を生み批評の役目を果すことを、日本映画の中に初めて実現したのである。そこには現実に組みこまれたものとしての映画ではなく、主観的な増村氏の世界が存在したのである。このことこそ増村氏の最大の功績であり、増村氏以後のすべての新しい作家達が氏に負わねばならぬものなのである。『からっ風野郎』において主人公をミジメなヤクザにしたために、増村世界の構築に失敗したのである。そうした失敗の原因――三島氏をミジメなヤクザにしたこと――はどこで生まれたのか？

三島由紀夫氏主演『からっ風野郎』を撮るに当って増村氏が一番困惑したのは、現実世界のヒーロー三島由紀夫氏を自分の作品世界の主人公にどのようにして移したらよいかということであったろう。そこで増村氏が考えたのは現実世界で一般に持たれている三島氏のイメージと全く反対のイメージを作品の中で三島氏の演ずる人物に与えることであった。増村氏はそれによって現実世界の三島氏のイメージが自分の作品世界の中に忍び込んで来ることを防ぎ、作品世界の純潔を保とうと考えたのであろう。

だがこの先で更に考え方は二つに分れる。一つは観客が三島由紀夫氏の現実世界におけるイメージを無視、或いは少なくとも若尾文子氏、船越英二氏のそれと同程度に考えて、ミジメなヤクザのイメージに没入出来ると増村氏は考えたのか、今一つは観客に絶えず三島由紀夫氏がミジメなヤクザを演じていると思い続けさせようと増村氏が考えたかである。前の立場であったとしたら、観客は実際には現実世界の三島氏のイメージを完全には無視し得ないし、若尾氏や船越氏が役の人物を演ずるよりは明らかに大きいギャップを三島氏と役の間に感ずるであろうから、言うまでもなく誤りである。興味があるのは増村氏が後者の立場に立っていた場合である。別の人物が役を演じているのだということを明らかにして行った場合、確かに観客はその役に同化せずに異和感を持つであろうし、そのことは役の人物に対する批評、その人物を取り巻く状況への批評になるであろう。しかし三島氏の演技は役を演じていることを見せつけようとはせず、役の人物になり切ろうとしていた。そのため増村氏の意図がそうであったとしても役の人物への批評にはなり切ってはいなかったのである。そして増村世界である作品は生まれなかった……。

私はここで重大な問題を提出したい。それは増村氏がいつものように増村世界を作品の中につくり出そうと思っていたか、ということである。ミジメなヤクザか何かを描きたいと思ったかどうかである。私は違うと思う。増村氏が興味を抱いたのは、ミジメなヤクザではなく三島由紀夫氏そのものであった筈である！　観客の興味もまたそこにあったように！　増村氏の批評の対象はミジメなヤクザではなく三島由紀夫氏でなければならなかったのである。そうした自らは作家としての主体のかかわり方を自覚していれば、三島氏をミジメなヤクザの役につけたとしても、三島氏への批評を通して増村世界は出来上ったであろう。また、もっと別な主人公の人間像をイメージすることも出来たであろう。

この倒錯に気づかぬままに作品がつくられたために、それは増村作品と言えぬものになってしまった。増村氏の関心が役の人物より三島氏自身に向ったことは責められるべきことではない。むしろこの場合当然と言ってもよい。責めらるべきはそれに対する無自覚、もしくは自覚の不徹底である。それによって増村氏は自己の要求にも観客の要求にもそむく作品をつくってしまった。恐らく、自ら、原因不明の不満を抱きながら。

それは増村氏が自らの主体をネジ曲げたからである。『からっ風野郎』が如何に主体がかかわっていない作品であるかは、氏のかつての作品と細密に比較すれば明らかになる。『からっ風野郎』はワンカット、ワンカット恐ろしく粗雑に見える。しかしそれはかつての作品と同じようなカットなのである。ただカットの一つ一つが持つ重味は全く違う。同じアングル、同じサイズ、同じ人物配置でも、作家の主体がかかわっていない『からっ風野郎』の各カットはまさに吹けば飛ぶように軽いのである。映画作家とはそうしたものである。映画作家はそんなにいろいろなカットやシーンを撮るものではない。ただ自分の独特のカットなり、シーンなりに、いつも主体の重みをかけ続けられるかどうかということが問題なのだ。

私はかつてアメリカの記録映画作家ロバート・フラハティの作品『極北のナヌーク』と『ルイジアナ物語』を同じ日に観る機会を得た。

一九二二年、彼がはじめてつくった作品エスキモー人達の氷に閉ざされた生活を描いた『極北のナヌーク』の中にこんなシーンがあった。エスキモー人達がアザラシ（オットセイ?）を捕えるのである。だまして一頭のアザラシをエスキモー人達が波打際から引き上げる。それは彼等にとって食糧その他生命をささえるまさに貴重な戦利品なのである。抵抗するアザラシ。必死の引っぱり合い。そしてその時沖にいるアザラシの仲間のカットが入るのである。仲間が引っぱられて行くのを思い悲しむかのようにくろぐろとした海に浮んでいる、アザラシ達。それは残虐で厳しいイメージである。ぎりぎりの生存の条件に対する作者の烈しい主体的態度が示されている。

一方、一九四八年の『ルイジアナ物語』は沼沢地に住む原始的な少年とそこに入りこむ機械と油井を対象にした作品である。この中にもやはり引っぱりあいのシーンが出て来る。それは少年と鰐《わに》との引っぱり合いである。そしてそれを心配する少年の父のカットが入る。結果、少年は安全に終わる。ここにあるのはかなり遊戯的なムードである。作家は自らは安全の地にいて、目を細めてこれを見守っているように見える。同じ引っぱり合いのシーン、同じようにそれを見ている第三者のカットの中に、こめられたフラハティの主体の重さは極端に違うのである。私は『ルイジアナ物語』がスタンダードオイル会社の資金で宣伝映画としてつくられたことよりも、そこに作家フラハティ自身の老いという衰弱を感じてやり切れない気持になったのである。

　何故やり切れないかと言えばそれは私自身にハネ返って来る問題だからである。『からっ風野郎』を見てのやり切れなさもまた同様である。増村氏ですら、こんなにも早く衰弱が現われるのかという嘆声である。勿論、増村氏は衰弱しっ切りになるわけはない。しかしすべての作家は絶えず衰弱の淵に立たされているのである。一度主体を失えば、転落の道は余りにも早い。あとはただ自動的に映画が生産されて行く過程の一つのネジになるに過ぎない。そしてむしろ現在の量産撮影所における監督の位置はネジである方が普通なのである。したがって作家の主体を保ち続けて行くためには先ずネジになることを拒否することから始めなければならない。その拒否の闘いの抵抗感だけが作家の主体を絶えず新しく確立して行くことの支えになるだろう。

『勝手にしやがれ』（ジャン＝リュック・ゴダール）を、映画の魅力が不連続の連続にあることを再認識させた点で実にすばらしい映画だと思うが、あの中には作者が映画監督で一生食おうなどと考えていない良さがある。作家の主体が見事に貫けている原因はそこにあるとさえ思われる。

貧しい日本の映画監督、映画人たちはそうはいかないのである。職業としての仕事の永続性を考えないわけに行かない。そこには当然陥し穴がある。主体を喪失してしまった方が或る意味で楽な立場が待っている。それらにおちいらぬために、作家は一つ一つの作品、一つ一つのカットの中に常に自己の主体の所在を検証しながら撮り続けて行く外はない。そしてそのことではじめて観客とにせでないつながりを持つことが出来るであろう。

わずか一本の映画を撮ったきり、やっと近く第二作の撮影に入る私が作家の衰弱をうんぬんするのはおかしいかも知れない。しかし実際はそれがおかしくない程、現在の作家の周囲には作家の主体を喪失させる状況が満ちているのである。私はそれを厳しく自覚しながら自らの主体を映画の中で立て直し保ち続けて行く外はない。

私の第二作『青春残酷物語』もまた、現代の青春そのものの持つ歪みと残酷さを通して状況の残酷さを描くものである。

『若者のすべて』について

　これは、まぎれもない傑作である。年齢の増えるとともに堕落する多くの巨匠達にひきかえ、飽くまで人間と状況と歴史を見る透徹した眼を失わない監督ルキノ・ヴィスコンティに脱帽する。作家に必要なものは、ショッキングな素材でもない、けんらんたるテクニックでもない、ただその曇りない眼と把握力なのだ。

『若者のすべて』の中には、戦後イタリアの民衆の生活の歴史の生き生きしたイメージがある。その貧しさ、その疎外された状況がなんの誇張もなく描かれている。人々がその中で人間を回復しようとしていかに生活と闘い愛を求め、そして外部と内部の歪みゆえに不十分な闘いしか闘えず、不十分な愛しか求められなかったことをなんの感傷をも交えずに描き切っている。これこそ、まさにリアリズムの名に価するものである。まことにヴィスコンティこそは現在、世界における最後のリアリズム作家と称してよい。

このヴィスコンティのリアリズムは、彼の舞台演出家としての力量に大いにささえられていると考えられる。それは俳優の演技指導において真実に彼に生きることを教えるスタニスラフスキーの方法を用い、それを見つめる映像の方法の中にブレヒト的な感情移入の拒絶を行うという二面作戦によって成功しているのである。そこに人間の内部の意識構造のプラスとマイナスを正確にとらえ、描く方法が確立しているのである。例えばアラン・ドロンの演ずるロッコにしても、『ロッコとその兄弟』という原題や特に彼を強調した宣伝等で見誤られやすいかも知れないが、ヴィスコンティは決してロッコを理想化しているのではない。母思いであり、兄弟思いであり、娼婦にさえ優しい心を持つロッコは、まさにそのゆえに逆に、誰をも救い得ず、そして自らも絶望し号泣するほかないことを、作者ははっきりと言っているのである。この映画のもっともすぐれた場面、ロッコの眼前で、次兄シモーネがかつての自分の女、現在のロッコの恋人ナディアを犯す場面は、そうしたロッコをはじめとするいずれも疎外された人間達の内部の意識構造のプラスとマイナスが烈しく行動の次元に現われてきて、どうしようもなくぶつかり合う、すさまじいまでに現代をとらえた場面である。

この作品の唯一のきずは、最後のシークェンスで、ロッコの拳闘場面とシモーネのナディア殺しの場面をカットバックしたことである。このあまりに古い映画常識採用の線からヴィスコンティが今後崩れることのないよう、私は一片の危惧を抱く。

それにしても、一家をささえる者が、長兄ヴィンチェツアから次兄シモーネへ、そしてロッコへ、さらに四男チロへ、ついには五男ルカへ移って行くことを見つめつづけるヴィスコンティは、なんとしても現代の大作家なのである。

作家の現実意識と映画のイメージ――『地下鉄のザジ』

マルはここで既成の映画の時間と空間、方法のステロタイプを徹底的に破壊しようとしている。ストーリイの枠をはめられ、コンストラクションの劇的効果にしばられ、人間像とセリフの統一性と相関関係にがんじがらめにされて全く固定化した既成の映画の方法をぶちこわすために、ストーリイの現実的な展開を無視し、人間像の統一性を破壊し、人間の時間と空間における物理的な運動法則を歪曲《わいきょく》して、全く非現実の世界をつくりあげている。

そのための方法として、マルは映画初期のサイレント喜劇の方法を用いた。いわゆる映画のトリックと言われるあらゆる方法が、コマ止め、コマ落しを始めとしてすべて用いられている。

こうしたマルの意図と方法の限りにおいて、この映画はすばらしいし、楽しい。マルの意図が成功していることは、映画のはじめ一瞬とまどいながら、すぐ非現実の世界の中に引き入れられてしまうことが証明している。殊に中間部あたり、田舎からパリに来た十歳の少女ザジが奇妙な紳士に追われて逃げるくだりなどではその楽しさが最高に達する。そういう意味では、この映画くらいストーリイを読んだだけでは判らない映画は近来ない。そうした映画を観てはじめて判る映画だけが本当の映画なのだから、その意味においてこれは実にすぐれた作品ということが出来る。

しかしながら、その追いかけに続くエッフェル塔のシーンになると、やや映画は下り坂になり、停滞し始め、ザジが一人で夜のパリをさまよい途中で眠くなり路上の自動車にうつぶせてうたたねしている間の夢とも現実ともつかぬパリの雑踏と喧騒のイメージはさすが〝夜の作家〟マルにふさわしく再び見事であるが、それに続くラストのレストランの大騒ぎになるとこれはもういたずらに騒がしくしつこく無意味になり意図不明になってくる。これは一体どういうことであろうか？

ここでマルは、彼の意図と方法が何ゆえに既成の映画の時間と空間、方法のステロタイプを破壊することにあったかという、より根本的な問いを問われねばならない。

それについてマルは書いている。「この不条理な世界の歪められデフォルメされたヴィジョンはリアリズムで描くわけにはいきません。描かれる世界そのものが不条理な歪んだものである以上、非現実主義こそ、よりよく真実に迫ると思うのです」。

果して真実に迫り得ているか？　マルのこの言葉にもかかわらず、この映画は決して真実に迫り得ていない。

それは何故か？　マルの中では現実と非現実の関係が正確にとらえられていないからである。マルには、彼の言う「不条理な世界の歪められデフォルメされたヴィジョン」ははじめから非現実的にしかとらえられていないのである。だからマルが言う「この映画では装飾も人物も、世界全体がたえず変化して行きます。たとえば、ザジは夜着をきて入って行くとものの一秒もたたぬうちにちゃんと服を着てくると言ったぐあいにです」というようなこともはじめから決められ、かつ最後まで変化しない。そこに逆にイメージの固定化が生まれているのである。

マルの現実意識は「不条理な世界」という自分の固定したイメージにとらわれ、決して現実の「世界」そのものに向わないのである。したがって現実の「世界」そのものの変化し或いは固定する様相、その中にこそある非現実性、或いは非現実への契機には全然着目せず、非常に固定化した自分のイメージの中にのみ存在する非現実を描いたに過ぎないのである。

これではイメージそのものの面白さはあっても、何ら現実に対する批評にはなり得ないであろう。しかし、マルは、「この映画を観て、すっかり驚いたパリジャンたちが田舎へ逃げだして行けばいいと思っています。この映画の中に現代の狂気を読みとってほしいわけです」などと言っている。明らかに現実の批評を志しているわけである。しかしこの志は空しいであろう。どのパリジャンも田舎へ逃げ出したりはしないであろう。

マルはこの意図と結果の背離《はいり》をどう考えるか？　現実を批評しようというマルの意図が正しいだけに、彼は自分の現実意識と映画のイメージのかかわり方についてもう一度考えを新たにすべきではないか。そしてここでもう一つ根本的な問いは、マルの中に既成の映画の時間空間、方法のステロタイプを破壊した映画をつくろうという意図と、現実の批評でありたいという意図とどちらが先行していたかということである。それは恐らく前者ではなかったか？　その点においてこそこの作品はマルの言うように「映画に対する映画批評」にはなりえたかもしれないが遂に現実に対する批評にはなりえなかったのである。そして「映画に対する映画批評」としても非常に低次元の、方法の分野に止まるもの、マルの文章自体にさえ劣るものであったと言わねばならないだろう。それらはすべて最初の態度の誤りから発している。試みとして面白いだけにこの基本的な誤りが惜しまれ、その是正が望まれるのである。

思うにマルは映画を愛し信じすぎているのではないか？　これは一部を除いて他のフランスの新人達すべてに言えることであると思うが、彼等は一度きっぱりと映画なんて何だ！　と言い切ってみる必要があるのではないか？　そうでなければ彼等の現実意識と映画のイメージの逆転した関係は全く変わりようがないと思われるのである。

「私は、映画の観客の進歩を信じています。人々が、ひまな二時間をつぶすために映画館に行くという時代は、すでに終わったと思います。映画の観客は、少しずつではありますが小説の読者に近づきつつあります。……まだまだ時間がかかるとしても、私たちは、映画から〈大衆の阿片的要素〉を取り去るべく努力すべきでしょう。ねむるために映画館へ行くのではなく、映画館に行くには、前の夜ぐっすりねむっておくようになるべきなのです」

これは私の言葉ではない。大島渚の言葉らしいが実はマルの言葉なのである。正に徐々にではあるがそうした時代が近づきつつある。そうした時代に映画作家に最も要求されるのは作家の現実意識と映画のイメージの正しいかかわり方であろう。それ以外に観客を映画につなぎとめる力はないことを、このすぐれた映画のイメージに溢れた映画『地下鉄のザジ』は教えてくれる。

岡田茉莉子は悪女になりうるか

　皆さんは街で焼酎のポスターを見たことがあるでしょう。岡田茉莉子がえん然と笑っているアレです。「今のショーチュー、みんなのお酒」という奴です。ところでアルコール類のポスターに出ている女優さんはほかにも沢山あります。

　庶民的なお酒である新清酒の有沢正子、ＥＴＣ。しかし皆さんの記憶にありますかどうか。いかがです、岡田茉莉子の焼酎が際立って精彩を放っていることがお判りでしょう。ケイ眼にもそれを見抜いた中村登監督は『集金旅行』で彼女を浴衣姿で窓辺にたたずませ、トニー谷に「おキレイですなァ焼酎のポスターにそっくりですなァ」と言わせたのです。観客席はドッとわきました。岡田茉莉子の魅力と彼女の人間像が日本の現代の社会において持つ意味を見事に描きだした一瞬であったわけです。

　焼酎は良い家庭には入らぬ酒、同様に岡田茉莉子も良い家庭に入らぬ女なのです。彼女の代表作、東宝での『芸者小夏』の連作、松竹での『土砂降り』『日々の背信』

で彼女の演じた女が、芸者、妾の子、二号であるのはそれを如実に物語っています。このような、通俗倫理の立場から見れば悪い女、それを演じては今の日本の若い女優の中で彼女の右に出るものはありません。そしてこうした役を演じることで、彼女は大人の観客の中に大きな人気を持ち続けているのです。まことに、一日の勤労に疲れた男たち、しかもまずしい家庭と妻以外に待つもののない男たちにとっては、帰りにひっかける焼酎あるいはトリハイ同様、岡田茉莉子のイメージは心安くしかも甘悲しく胸にしみるものがあるのです。

しかし、男たちはいくら飲んでも結局は家庭に帰ります。まずしい良い家庭へ。そして飲んだことを後悔します。頭の痛さを焼酎のせいにします。夜の或る時間、男たちにとって最良のものであった焼酎は、昼間日陰の位置に追いやられてしまいます。映画の中の岡田茉莉子の運命も同様です。日本映画を支配する通俗倫理は、魅力的な悪い女が幸せになることを許しません。彼女は自分が悪い女であることを認めホソボソと世の中の片隅で生きるか（『芸者小夏』『日々の背信』）あくまでも幸せを求めるならば敗北して死ぬ外はありません（『土砂降り』）。このように忍従或いは敗北のラストが予定されているからこそ、観客はこの魅力的な悪い女に対して安心して同情あるいは共感を持つことができたのです。そしてその共感はせいぜい屋台の焼酎に感じる愛着と心安さ程度のもので、なんら観客に対し烈しい感動を与えるものではありません。烈しい感動というものは、現状に対し否定的なものです。岡田茉莉子の悪女のイメージはつねに現状に対し肯定的でした。それは彼女の俳優としての不幸であり、現在の映画界の中では或る程度やむを得ないことでありました。

しかし私たちの求めるものは、あくまで、現状に対して否定的なイメージであり、現状を変革して行くイメージなのです。

岡田茉莉子は今、渋谷実監督の『悪女の季節』で徹底した悪女を演じています。お金が欲しいため自分の母が妾をしている老人を殺そうとし、その目的のためにはどんな手段でも何の感傷も気負いもなく取ることのできる女です。菊島隆三脚本のこのスリラー・コメディは明らかに『マダムと泥棒』の影響を感じられるもので、作品自体には特別な新しさや質の高さを誇ることのできるものではありませんが、たとえ喜劇とはいえ、徹底した悪人を主人公にしたてた点で、日本映画の中で貴重な価値を持つものといえます。さらにその悪人が女である点に、渋谷実監督の冷たい批判精神のなみなみならぬ確かさがうかがえるわけです。

岡田茉莉子が演ずる若い娘は自分が悪女であることに何らの理由づけも持っていません。まして自分が悪い女だなどとは毛ほども考えないわけです。これまで彼女が演じてきた数々の悪女たち、自分の意欲とは無関係に世の中の通俗倫理から外れた位置に置かれ、忍従し敗北して行く外はない弱い女たちとは一見似たように見えて、実は百八十度違う性格を与えられています。渋谷実監督が二人の悪女、岡田茉莉子とその母親である山田五十鈴に与えたイメージは、人間の欲望の無制限の拡大ということです。それは殺人にまで到達します。拡大された人間の欲望は通俗倫理を突き破り、更に通俗でない人間の倫理そのものを突き破ってしまいます。だからこの映画がもし十分に成功すれば、人間の倫理までも思い切って破ってしまうことによって、最も効果的に通俗倫理を突き破ることができるでしょう。その人間の欲望の化身を女にしたのは、映画の出発点として実に正しかったのです。何故ならばか弱い女の中にそうした欲望がひそむことを見せつけてこそ、観客をヒヤリとさせ、現状を否定する認識のきっかけを与えることができるからです。次に重要なのは悪女を演ずる女が魅力的であることです。山田五十鈴と岡田茉莉子の責任です。そして山田五十鈴が明らかにミス・キャストである以上、岡田茉莉子の責任は重大です。

皆さんは、或る俳優がどんな瞬間に一番美しくなるか御存じでしょうか。働いている姿の一番美しい女優もいます。例えばマリア・シェルのように。たいていの女優は愛情の瞬間が一番美しいでしょう。でも愛情にもいろいろあります。母の子に対する愛情、姉の妹に対する愛情、娘の父に対する愛情、そして女の男に対する愛情。岡田茉莉子はこの最後のものの代表選手でありました。殊に受身でない激しい愛情、見事に全身をかけての愛情の表現ができるということで、彼女は日本映画の女優としては稀有の存在でした。メロドラマのヒロインを演じた時ですら、彼女の腕は男の背に舞い上り指は男の胸にからみついて燃える激情を示したのです。

　このたびの彼女の愛情の対象、と言っておかしければ執着の対象は、男ではなくて金なのです。男への愛の表現であのように美しい彼女が金への欲望の表現でそれと同様に美しくなれるでしょうか。断じて美しくならなくてはいけません。ダイヤのつまった小箱をみつめる彼女の眼は、愛する男との激情の時間に入る前のように、濡れてきらきらと輝いていなければなりません。そのことにこそ、岡田茉莉子の悪女のイメージが、日本の映画と社会の壁をつき破るダイナミックな力を持ちうるかどうかがかかっているのです。また、彼女の俳優としての大きな飛躍がかけられているのです。

『悪女の季節』の岡田茉莉子にとって危険なのは、それ以前の悪い女のイメージが入りこんでくることです。欲望をあらわに生きることに後めたさを感じることです。勿論彼女はその点において同年代及びそれ以上の女優——女の中で少ない方でしょう。しかしより若き世代の女優——女たちはもっともっと自分たちの欲望をあらわに生きているのではないでしょうか。そうした若い世代は次第に日本の映画の一角をそして日本の社会の一角を占領しつつあります。

　常により新しい人々に対してアッピールし続けるのが映画俳優の資格と責任である

ならば、岡田茉莉子はそうした自分の限界を知りつつ、しかもそれを常に変革し解放し続けて行かねばならないでしょう。『悪女の季節』はその出発点です。そしてその長い道程の中で、人間的な欲望を十分に持った女が母となり生活の重荷を背負った時の姿を表現出来る日が来るでしょう。その時彼女はマリア・シェルなどよりは遥かに豊かに映画の中に生きることができるでしょう。その時はじめて彼女はかつての弱い悪い女としての人気でなく、国民的な信頼を集めることができるでしょう。それは彼女が長い間悪女として前衛的な立場に立ち続けたことの報いなのです。

高峰秀子はいい奥さんか

大変な題ですが、何もお二人でヴェニスにゴンドラを浮べているからといって、先輩松山善三氏にケチをつける気持は毛頭ありません。ただそんな訳で彼女はしばらく日本を留守にしたので、彼女の出ている映画は今皆さんの眼にふれないでしょう。私はこの俳優についての小文を書いていく上で、なるべくその時に何らかの意味で問題になる映画の問題になる役に出演している俳優をえらびたいと思っていましたが、今特に適当な人が見つからないので、今月は高峰秀子の不在について語りたいと思います。

というのは、『この天の虹』を見て、〝ああ高峰秀子が出ていないなァ〟ということを痛切に感じたからです。松竹の宣伝部がいみじくも、木下恵介の人間愛四部作と呼号するように、最近の木下作品は誠実な人間、その生き方に庶民の信頼が寄せられるような人間を主人公にすることを特徴としています。それはとりも直さず高峰秀子であり、彼女の出演した『二十四の瞳』『喜びも悲しみも幾歳月』は記録的に多くの観客を動員し、圧倒的な好評を博しました。そして木下恵介は日本で一番信頼される監督になりました。その木下監督の『この天の虹』の与える感動が前のいくつかの作品より少なかったのは、勿論脚本演出の責任でありますけれど、幾分かは高峰秀子のような信頼感のある俳優が主人公でなかったことにもよると、私は思います。ついでにいえば、この映画は確かによくない作品です。しかし私は新しい発見をしました。それは木下恵介の自分の映画の登場人物に寄せる愛情です。たとえそれが上からのものでも、それは比べようもなく豊かで、純粋な愛情です。木下作品にケチをつけることはやさしい。しかしこの愛情を理解せず、これを超える愛情を持ちえないで、いくら言ってもそれはダメです。

今、高峰秀子には俳優としての信頼感があると言いましたが、ではそうした信頼感はどこから生まれてくるのでしょうか？　それは勿論映画のなかで信頼感のある人間を演ずることです。しかしこれは簡単なことではありません。何故なら映画俳優は自分以上の人間を演ずることは不可能だからです。例えば『二十四の瞳』の大石先生を演ずる俳優は、大石先生がその生活の中で負うた重みと同質ではなくとも同量或いはそれ以上の重みを、自分の全人間的な生活の場で負うて来ていることを必要とします（このことの証明はいずれ詳しく致します。今は取りあえず、このドラマを素直に信頼して下さい）。高峰秀子が信頼される人間を演じて成功したのは、彼女が負うて来た全人間的な生活の重みがその人間達のそれをはるかに超えていたからです。まさにその重みにこそ人々の俳優高峰秀子に対する信頼はかかっているのです。

　高峰秀子はどんな生活の重みを背負って来たのでしょうか。幾たびか恋の噂もありました。うるさい周囲を絶ち切るためにパリへ行ったとも聞きました。しかし詳しくは知るよしもありません。ただ今或いは今までの日本で女優として生きることはどんなに苦しくどんなに重みを負うことであるかは、はっきりと言えます。四十を越えた女優たち、田中絹代、山田五十鈴、望月優子、沢村貞子など生き抜いて来た人達が、同じ年齢の男の映画俳優に比べてはるかに優る重量感を持っていることを見れば、それははっきりと判ります。そして驚くべきことに、高峰秀子は三十を過ぎたばかりで殆んどこの人達と比肩できる重量感を持っているのです。これは恐らく彼女が飛び抜けて頭が良く感受性が鋭いために生活のなかでぶち当る一つ一つの物をより深く受けとめて来たことによるものでしょう。

　戦に敗れた国の焼跡に立って「銀座カンカン娘」を歌っていた彼女、数多くのくだらない映画にただ生活のためスターの地位を守るために出演していた頃の彼女は、その持ち前の頭の良さ感受性の鋭さはどうあろうとも、人々からはたかが子役上りの平凡な娘役スターとしか見られませんでした。しかし彼女は「カンカン娘」を歌っている自分を批判的に見る眼をちゃんと持ちつづけていたのです。そのことが『カルメン故郷に帰る』の成功をもたらしました。或る人間像が周囲の状況とかかわりあい状況そのものを否定し得る可能性を見事に示したこの映画の成功は、監督木下恵介の確かな批評精神を示すとともに、主役のストリッパーを演じた高峰秀子がそれに劣らぬ批評精神とそれを表現する技術の持ち主であったことを示したのです。彼女は才気ある有能な女優と認められはじめました。一作一作彼女の技術は確かさと豊かさを加えて行きました。しかしその烈しい精進の間にも彼女の胸のなかには才気があるということも有能であるということも結局は空しいではないかという思いが去来していたのではないでしょうか？　私はそう信じます。でなければ『二十四の瞳』の大石先生をあのように立派に演じることは出来なかったと思うからです。ともあれ『二十四の瞳』に至って彼女は女優以上のもの、社会的名士になりました。そして結婚しました。祝福された結婚でした。その後の彼女は主婦として俳優として恵まれた安定した生活を送っているかに見えます。そして日本の国も学者先生達の用語を使えば相対的安定期とやらで、放射能の雨はまだふりやまずとも少なくとも表面は平穏無事にすぎて行きました。

　戦争直後から今までに、高峰秀子の演技の質も大きく変わったことに注意していただきたいと思います。それは一口に言えば、高い、烈しい、不安定な調子から、低い、静かな、安定した調子への変化です。これは演ずる人間像が外向きから内向きへ変化したことに対応するものです。『二十四の瞳』以後の彼女はこの内向きの人間像を、低い、静かな、安定した調子で何の危なげもなく演じて来ました。そして人々の信頼を得て来ました。それは、薄暗い、よどんだ、相対的安定の日本の状況に対応する庶民の生活意識を表現するものであったからです。

しかしこのままでは、いつまで経っても状況を変革する人間像を映画に、待望することは出来ません。私たちは戦後の日本の社会と映画の中にあんなにいつも充実して生きて来た高峰秀子にここで新しい飛躍を見せてほしいのです。その場合今すぐ外向きの人間像を描くことは難しいでしょう。とすれば、今の低い静かな安定した内向きの人間像を思い切って諷刺的に描くことです。それによって状況を否定することです。いつも現在の自分を批判的に見つづけて来た、それをこやしにして成長して来た高峰秀子が、その鋭い眼を失ってしまったとは考えられません。その批評精神に期待すればこそ日本にあまた女優はいるというのに、今日本を離れている彼女に絶大な期待を寄せる訳なのです。

高峰秀子主演、木下恵介監督、『カルメンなまける』どうです。皆さん、見たいとお思いになりませんか。

仲代達矢か、皇太子か

「嵐を呼ぶ男」石原裕次郎の「風速」がやや衰えてきたのではないかと言われています。気の早いジャーナリズムは早くもその後継ぎを探しはじめていました。その有力候補として仲代達矢の名がチラホラと新聞や雑誌の紙面を飾りはじめていました。それが或る目突如として風向きが変わりました。裕次郎に代る、いやそれに数倍する英雄が現われたのです。慎重にかつ大胆にそしてすべての周囲の祝福を受ける形で「愛する女」を妻に獲得した男——皇太子。まことにこの英雄とその婚約者を礼讃する声はこの狭い国土に満ちあふれたのです。新聞がラジオがテレビが賞讃し祝福しました。総理大臣も反対党の委員長も、吉川英治や獅子文六は勿論のこと普段ウルサイ進歩的文化人までも。「おおマリー・アントワネット！」と叫んでラジオのスイッチを切り街へ飛び出し、奉祝のアーチを横眼でにらみながら酒を飲んでいた私の耳にも、手に週刊誌を握った紳士達を相手にいとしい酒場の女達が、「ステキだわ、美智子さん」

「ヤルじゃないの、皇太子もなかなか」「私もテニスやっときゃよかった」などと言い交わす声がガンガンギリギリと鳴り響いたのです。ああ、昨日まで、「仲代達矢ってスバラシイわ」「あのヨサ私たちでなきゃわからないわね」「眼がいいのよ」「首筋よ」「腰の線だわ」などとサエズってた女達が！

　このように仲代達矢は酒場の女達に大変人気があります。同様に女優さん達に非常に人気があります。ということは、彼が男を愛することを後めたい気持なしに考えられる女達つまり性的に自由な女達（そうでない女なんて女優になる資格はありません。酒場に出る資格があるかないかは皆さんお知り合いの酒場のマダムにでもきいて下さい）に人気があるということです。そして今の日本では若い性的に自由な女達はどんどん増えていますから（これは喜ぶべきことであります。性的に自由でない人間がどうしてすべてに自由な人間になれましょう）、彼の人気は上る一方だと判断してさしつかえないでしょう。

　さて彼のそうした人気の源泉――魅力はどこにあるのでしょうか。それは先ず外形的な美しさにあります。軽くウェーヴした髪、濃くやさしい眉毛、大きくよく動く澄んだ眼、たくましい鼻、可愛いい歯並び、少し角ばった顎《あご》、突き出たのど、やや前屈みの肩と背、締った腰、長い脚、そして五尺八寸・十八貫の均整のとれた体格。実にすばらしいものです。でももし彼が転んだら？――御安心下さい。彼は転んでもひつくりかえっても美しいのです。たいていの美人でもザマァないですよ、ひっくりかえったら。仲代達矢の美しさは強じんな美しさだと言えましょう。それは彼の外形の美しさが彼の美しい内部に支えられているからです。そしてその美しい内部とは解放された自由な肉体と精神に外なりません。つまり自由に何々したいと思うことが出来、そのために自由に行動がとれる人間だということです（覚えといて下さい、これが自由な女達にモテル条件なのです。またそれは俳優たることの第一の条件でもあります）。だからこそ彼の外形の美しさは豊かな表情を持っているのです。仲代達矢を見て、よく訓練されたシェパードに似た爽快な感じを受けませんか？

　こんなことを言うと仲代ファンの女性から嫌われるでしょうから、どうせ嫌われついでに、ジェームス・ディーンは哀れな雑種の捨て犬に、マーロン・ブランドは傲岸《ごうがん》不《ふ》遜《そん》なブルドッグに似ていませんか？　私はディーンとブランドというアクターズスタディオ（スーザン・ストラスバーグのお父さんであるすぐれた俳優養成者リー・ストラスバーグの主宰する俳優養成所、モンローも一時通っていました）の生んだすぐれた二人の俳優の背中が両方とも前屈みであることに気がついて、あれは獲物を狙う動物の姿勢だ、獲物に一番とびかかり易い動物の姿勢だ、ストラスバーグはああいう姿勢になるような教育をしてるのか知らん、などと考えたことがありました。仲代達矢の背中も同じように前屈みです。俳優の肉体と精神のなかには野生の動物のように荒々しい欲望がいつも燃えていなければなりません。そしてそれがいつでも表現できるようになっていなければなりません。

　ここで俳優の訓練ということを考えましょう。先に仲代達矢をよく訓練されたシェパードだと言いましたが、よく訓練されたと言っても俳優の場合、それは同時に自分が自分を訓練したということにほかなりません。仲代達矢はじつに自分をよく訓練している俳優です（勿論、千田《せんだ》是也《これや》という良い指導者を得た幸せもあります）。訓練の一つの部面は、前に言った解放された自由な肉体と精神の持主である自分をつくるための戦いです。仲代達矢は素質に恵まれていたと同時に、この困難な戦いを実によく戦っています。訓練の今一つの部面は、役を演ずる場合の、そしてその前提としての日常での演技の工夫です。私は今ここでこと更に工夫という古風な言葉を使いたいのです。それは工夫を軽蔑する風潮が日本映画のなかに満ち満ちているからです。映画監督達は演技しない演技をよいと教え、怠けもののスター達がそれに便乗しました。それに戦後にはスタニスラフスキー・システムの悪い影響で、たった一冊の本に目を通して、あとはブラッと或いはただ気持を考えてキャメラの前に現われる自称俳優達が加わったのです（気持をいくら考えたって体は動きゃあしません。スタニスラフスキーをこのような形で導入した重大な責任を土方与志を頂点とする左翼演劇人達は負うべきです――なんとマルキシズムの導入のされ方とよく似てるではありませんか）。演技というものは工夫であることを仲代達矢は身についた考えとして持っているようです。彼は言っています。「電車の中で赤い鼻緒の女下駄をつっかけたおにいさんが、どんな風にきれいな櫛の目を、ポマード光りの髪につけているか、サラリーマンの二人連れが前の女性の気を引こうと、どんな話題を大声に語り合うか……そんなごくささいなことを昔ながらの役者根性で眺めていこう」そして彼は自分のアパートへ帰った時、きっとその恰好をやって見るのでしょう。これこそまことの俳優の魂です。玄人《くろうと》の心構えです。一見天才的な彼の演技の裏にはこうした訓練と工夫の土台が築かれているのです。素人だけがその素人らしさがむしろ魅力的であったスクリーンの上に、はじめて、素人のような魅力と玄人の腕を持った男が登場したのです。その故にこそ仲代達矢の登場は日本の映画に於ける俳優芸術の、前史ではない、自覚された歴史の第一頁を飾る事件であるべきなのです。

仲代達矢は今、五味川純平原作・小林正樹監督『人間の条件』の主人公・梶と、既に延々五ヵ月に渡って取り組んでいます。梶はその英雄的な魅力によって驚くべき多数の読者をこの小説に惹きつけた人間です。正に仲代達矢がその真価をこの一作でもって世に問うてよい恵まれた大役であります。

梶はいつ召集令状が来るかわからない、それ故に愛する女との結婚生活にさえ自信を持って入って行けない被害者の立場にいて、その被害を食い止めるために、支那人労働者の労務管理を引き受けて鉱山の現場へ出て行きます。労務管理に当って労働者を、捕虜すらも人間的に扱おうとする梶は、一方でそのために危険を受ける被害者であり、と同時にそうした扱いによって能率を上げ、侵略戦争に役立つという形で加害者ともなる訳です。そして梶が魅力的であるのは、その中で常に彼は単に悩み苦しむのではなく、その分裂を克服しようとして行動するからです。しかし戦争がどうしようもなく敗け続け、そのことによって梶を取り巻く状況も決定的に悪くなり、それこそ「犠牲者と死刑執行人はもうただ一つの姿しか見せない……究極の場合には、この二つの役割の、その一方を拒否する唯一のやりかたは、すなわち、もう一方の役割を引受けることである」（J＝P・サルトル）ような時が来た時は、彼は遂に積極的に犠牲者の立場を買って出るのです。

この梶の役は大勢の俳優がやりたがり、小林監督もいろいろと候補を考えて迷ったと聞きました。でも仲代達矢はやはり一番梶に相応しい俳優だったと私は思います。それは先ず第一に前に言ったように彼が解放された自由な人間――俳優だからです。生への生活への執着や欲望が見事に表現できるからです。甲虫を踏みつぶすのは大したことではありません。しかし猫を踏みつぶすにはかなりの勇気を必要とします。猫の方が生きてる感じが強いからです。人間でも、生きてる感じの強い人間がその生きてることの発露を押さえつけられた方がより可哀そうです。梶の悲劇が真に人々の胸を打つためには、梶が生命力のみなぎる男――愛する妻と今日も寝たい明日も寝たい、うまいものを食いたい、周囲の人間とも仲良くやってゆきたいと思う男であることを必要とします。この点、仲代達矢は実に適役で、その悲劇は十分に表現されるでしょう。

　今言ったことは梶がなぜ被害者になり切りたくなかったか、の説明でもあります。と同時に梶が最後にその人間的なものを自ら殺して被害者になり切ることによって美しい崇高な悲劇の主人公になったことの説明でもあります。しかし、皆さん、ここで考えて下さい。梶はでは何故加害者になり切ってしまわなかったのか？　そのことの保証はどこにあったのか？　逆に所長や岡崎や古屋は何故加害者になり切ってしまったのか？　いかがです？　お判りですか？　五味川純平は原作の中ではこの説明はしてない、と断言していいと思います。これがこの作品の最大のそして致命的な欠陥なのです。松山善三と小林正樹が共作した脚本の中にもその説明はやはり現われていません。果して完成された映画のなかにそれは表現されるでしょうか？　梶は何故加害者になり切らずにすんだのか？　小林正樹は、そのスタッフ達は、そして仲代達矢は、それに答える義務があります。でなければあのような悪い状況の中に人間が放りこまれた時、なお人間がその尊厳を持ち続け得るためにはどのような力を養っておけばいいか知ることが出来ないではありませんか。

　簡単に思ったことを言います。梶がインテリで、獲得された観念を精神のなかに持っていたからです。その精神の力が加害者になり切ってしまう可能性を押さえつけ、二重性のなかでの苦しみを続けさせ、そして最後には積極的に被害者の立場に彼を立たせたのです。インテリであり中間者である梶は精神の力によってのみ自分の中間的な立場を踏みこえることが出来たのです。五味川純平は梶に大衆的な魅力を与えようとして行動性を持たせた訳ですが、その行動性を裏づける精神の力に就いて軽視しすぎました。

　その欠陥を脚本は受けつぎ、映画も受けつぐ可能性があるのです。この部面に就いて、仲代達矢はどんな表現を見せてくれるでしょうか？　実は私も一抹の不安を感じずにはいられないのです。決して感傷ではない、感覚的な同情でもない、ちょっとした正義感でもない、自ら幾たびもそれを疑いそのために傷ついた或る観念、既に精神の中に獲得された観念のたくましさを表現しなければならないのです。若い仲代達矢の生活のなかには観念のために闘い傷ついたものはないのではないかという不安、そのために梶の背負った問題の重さが表現し切れないのではないかという不安があります。或いは五ヵ月にわたる役とのたたかいの中で、梶の観念の重みを自らの俳優としてと同時に人間としての精神の中にすでに獲得してしまうくらい、彼はどん欲なすばらしさを持った俳優であるかも知れないという期待があります。

もしこの期待の通りであったなら、仲代達矢の可能性は既に果しなく拡がったと言っていいでしょう。もし不安が実現したら、彼の可能性が全国的に拡がるまでにはなおも苦しい歳月が彼のために必要なのです。すばらしい人気が出つつある現在、このように彼は俳優としての岐路に立っているのです。それは最初にさんざん賞《ほ》めた彼の解放された自由な肉体と精神が、確かに或る解放性と自由を保ちながらも、何か固定するような傾向が見えることです。それは年齢もあるでしょう、生活も地位もだんだんと制限的になって来たでしょう。だからここで彼は新しい生気を注入する方法を講じなければなりません。その一つは肉体の上でもっと破れてみる道、今一つは観念を精神の中に獲得する形で導入する道です。もし『人間の条件』梶の形像が成功すれば、彼はすでにその突破口を切りひらいたと考えられます。私は先に言ったこの形像における五味川純平の致命的な失敗が、仲代達矢の梶を百パーセントには成功させないと思います。しかし私は梶に取り組むことによっての仲代達矢の成長を期待するのです。梶より仲代に賭けたいのです。

何故ならば梶はいかに英雄的であったとしても結局は敗北の道をたどらなければな

らなかったからです。抵抗がどんなに美しく烈しくとも敗北はやはり敗北です。私たちはまた、探し求めるイメージ状況を否定し、しかも変革し勝ち抜いて行く人間像に立ち帰らなければなりません。しかしすぐれた俳優というものは逆に描くべきイメージをつくる助けになってくれるものです。仲代達矢は自分の俳優としての生涯を「桜の花のようにぱっと咲いてぱっと散るのは有難くありません。……少しくらい醜くてもいい長命でありたい、何とか生きながらえて行きたいものだと不粋にも考えている」のです。たくましいずぶとい根性です。インテリが演れ、労働者も演れ、そしていつかは状況を変革して行く人間が遂に勝ち抜いて行く姿を、彼こそがはじめて日本の映画のなかで演ずることが出来るかも知れないのです。それは梶のような人間が敗れ敗れして来たこの日本の国ではじめて、かつての梶のような人間がより新しい人間に生まれ変わり、社会を変革して行く時なのです。

　田村孟がかつて『映画批評』誌上で『人間の条件』を論じて、生き伸びた王享立が六億の働く蟻たちの中でどのように生きているだろうかという問いが、生き伸びた梶が戦後の日本で何をするだろうかという問いに対置して、問われなければならないと言いましたが、その生き伸びた梶たちの、或いはそれに続く仲代達矢や田村や私たちの世代の努力にも拘らず（幾分怠けてもいましたが）、皇太子の婚約はあたかも全国民の祝福のうちに成立したかのようにマスコミは渦巻き、今や貧富は分極化しつつあり、昭和四十年には破滅的な危機が到来すると警告した厚生白書はその片隅にすら席を与えられないというのが、一九五八年から九年へ移り変わろうとする日本の精神的風土であり、それを反映して太平楽を並べているのが芸術の現状であるからこそ、現実を否定し変革するイメージが、しかも勝ち抜いて行くということだけはどうしても言って置かなければならないのです。

山本富士子と日本の頽廃《たいはい》

世界の演劇運動に新生命を吹きこんだ偉大な劇団（主催者朝日新聞の宣伝文句）「モスクワ芸術座」は日本の演劇運動にもまた新生命を吹きこんでくれたでしょうか？　ともあれ、日本の新劇界に大きな衝撃を与えたのは事実のようです。日本のラーネフスカヤ東山千栄子がサメザメと泣いたなどという可憐なのは別として、日本スタニスラフスキー教の一教祖下村正夫が山田五十鈴に電話して「私の考えていたことは間違っていませんでした！」と叫んだという話などは、冗談じゃない！　間違ってなかったのはせいぜい戯曲の解釈くらいで、演出者・俳優養成者・劇団指導者としてまるっきり間違っていたからこそ、「新演」は分裂し、大きく張った世帯の赤字をかかえて公演も出来ない状態に陥ったンじゃないか！　とどなりつけたいくらいで、現在の日本の新劇の（殊に左翼の）自称指導者達の自己批判の精神の無さを見事にバクロしたものと言えます。こんなバカバカしいのは例外としても、多くの古い新劇人、若くてもラジオ・テレビ・映画の商業主義に毒された新劇人達の「モスクワ芸術座」への反応の仕方は、驚き感動し、自分達の舞台と比較して絶望する一方、日本だって日本語の芝居ならとか、社会状態が違うんだからとか、ひどいのになると食いものが違うんだからとかいった調子で、結局は自分の創造上の問題と結びつけないという点で奇妙なステロタイプを示しています。そうしたなかで、一部の若い新劇人達、下村正夫に見捨てられ（或いは見捨てて）「新演」に残った人達、或いは先に私が絶讃した仲代達矢、その他の人々が、感動すると同時に、あのような舞台なら、正しい訓練を積めばやがて出来る！　という確信を抱いたと聞くのは大変に嬉しいことです。彼等が今まで夢見るだけで暗中模索していたほんものの俳優芸術の姿を実際に見ることが出来、しかも幸いなことに彼等は自分達をそこまで創り上げて行く意思と力を持っていたがために、その創造の方法を発見できたということは日本にほんものの俳優芸術が生まれる第一歩としてこの上なく喜ばしいことであります。まことに「モスクワの芸術座」は、インチキな新劇の指導者とは違って生涯ほんものの芸を求め続けた偉大な劇評家安藤鶴夫の言うように、「日本の芸術を学ぶものの心を謙虚にし、そして新しく勇気づけてくれた」のです。

　しかし、残念なことに、芸術を学び志すものの心にも常に謙虚さと勇気だけがあるとは限らないのであって、恐ろしい絶望と頽廃が巣食っている時もまた多いのです。

私はここで、「モスクワ芸術座」を観て感動しブチのめされたような気分になり「いけねえいけねえ、俺は近頃ケチなことを考えてる。いい加減なホンでも書いて、いい加減な御用監督でもいいから早くなっちゃいたいような気持でいる。いけねえいけねえ、ここにゃあほんものがあった、俺だってほんものを創るんだ、絶対に、今まで誰もやらなかった、新しい、ほんものを……」と思いつめ、勇気と希望に溢れた夜の一週間前には、『白鷺』と『弁天小僧』の二本立を観て飲んだくれていたことを告白しなければなりません。吉田喜重と二人、観終わって、席を立つなり私は「頽廃だね」と言いました。「そうだね」顔を見合せて、私達は苦笑せざるを得ませんでした。その日吉田が長いロケから帰って来、私がちょっとしたロケに発つ前の日でした。芸術に志す、否、芸術の革命に志す若い二人の男が、観なければならぬ映画はほかにあったし、映画など観なくても語るべきことはたくさんあった筈なのです。それだのに二人がなんとなく観ようと一致したのがこの頽廃の二本立だった訳です。『弁天小僧』は勿論幕末の頽廃に狂い咲いた黙阿弥《もくあみ》物、自分がユスリを働いた商店の実はかくし子という因果を背負った小泥棒のささやかな純情と末路がテーマであり、『白鷺』は明治以後の日本人の一番古い心情に食い入りつづけて来た鏡花の作品、芸者が金と義理のために好きな男と一緒になれば嫌な男のものになるよりはと死んで行く話。しかも二作品とも女が着物を脱がされ、手ごめにされかけるところが最大のヤマ場になっているとあっては、これは頽廃と言うより外ない二本立でした。そしてこの二本立の持つ頽廃の香りは、私たち二人を惹きつけただけでなく、実に多くの観客を動員し、昨年度の日本映画の記録的な大当り作品の一つとなったのです。二人の若い芸術家の心のなかだけでなく、日本人のすべての心のなかに頽廃が大きな場所を占めて巣食っている現在だと断じて差しつかえないと私は思うのです。

「日本一の美女」山本富士子は、この一九五八年から九年に至る日本の頽廃の象徴です。『白鷺』『弁天小僧』二本立の魅力は、自らの白い胸を突き通すかんざしを口にくわえ、かすむような目を半ば見開いた顔をあえぐようにあげた彼女のクローズアップのポスターに集約されていた感があります。美しい女、絶対的に美しい女、美しさの故に愛する男と一緒になれず、嫌な男のものにもならぬ女、そのように肉体も精神も完全に美しい女、そして悲劇的な運命を生き、或いは死んでしまう女。『湯島の白梅』『夜の河』『日本橋』『夜の蝶』『白鷺』と作品的にも興行的にも成功した映画の、彼女も好んでいるらしいそれぞれの役の女はすべてそうした性格を与えられています。男なら誰でも欲しい、女なら誰でもなりたい、絶対的な美女。しかもその絶対的な美の故に禁じられた女。その禁じられているということは観客のマゾヒスチックな欲望に訴え、それが悲劇的な運命をたどることでサジスチックな欲望に訴えます。その集約された場面が、『白鷺』での佐野周二が彼女を追い廻し、着物をはぎとり正に強姦す前、しかも追い廻す男には十分余裕があって、彼女が自殺してしまう場面です。これが頽廃でなくてなんでありましょうか。またこれらの作品で彼女には対等の男を持たないのです。彼女の好きな男はたいてい年下で美しく誠実ではあってもたよりにならないのです。もう一人の男は金と社会的地位を持ち、彼女の肉体を手に入れようとします。これは彼女の美しさが絶対的であるが故の悲劇のパターンになっています。今あげた作品以外での彼女の成功作『彼岸花』でも同様なことが言えます。彼女は恋人がなく結婚もせず母親の手元に止まります。観客が如何に山本富士子に美の絶対性を求めているかということの明白な証拠は、彼女にいい恋人が出来てハッピーエンドに終わる現代劇が悉《ことごと》く作品的にも興行的にも完全に失敗していることに見られます。また観客は山本富士子の絶対的な美しさが常に肉体の上だけでなく精神の上にもあることを要求します。『氷壁』『渇き』などの「よろめき物」の観客動員の不成績はそれを示しています。このような絶対的な美の偶像をつくり上げ、それに感情移入することでカタルシスを求めている観客、日本人のあり方が頽廃でなくて何でありましょうか。

　このような「絶対的美女」山本富士子の支持層は単にミイちゃんハアちゃんだけでなく、恐ろしく広汎に拡がっています。中年の堂々たる紳士が眼の色を変えるのです。東大教授林健太郎先生などもその一人です。「現代の日本に於て、山本富士子は美人だということほど自明の理はない。私は美しきものは美しきがゆえに愛する主義であるから、私が山本富士子の映画を観に行くのは、何よりもまず彼女の美しさを見るためである」書き写すのも恥かしいくらいのおネツであります。しかもその美しさの質と意味については歴史学者らしく「桃山風の豊かさとヴォリューム」というだけです。せめて『現代社会主義の再検討』の著者らしく、山本富士子の美しさを再検討していただきたいものでした。とにかく、こういう大先生が参るのですから、映画の批評家達が絶讃するのも無理はありません。絶対的な美女、おまけに演技の心得もあると来てはこたえられません。今年は遂に主演女優賞の第一候補です。どうやらもらえそうです。私は彼女が主演女優賞を取ることに必ずしも反対ではありません。賞は演技に与えられるものでなく、演技を含めて或る俳優が或る役を演じた時の魅力に対して与えられるべきものだからです。その点をハッキリさせた上で彼女が『白鷺』で主演女優賞を取ることは一九五八年度の日本映画で当然のことでしょう。ただし『彼岸花』は違います。あれの彼女はワキ役です。間違えないで下さい。それと同時に私は『白鷺』の彼女が主演女優賞を取り、『白鷺』『弁天小僧』『彼岸花』などがいい作品と言われ、興行的にも成功する日本映画の現状を非難しダンガイしたいと思います。まことに一九五八年後半は、小津安二郎・衣笠貞之助・伊藤大輔等老巨匠の捲《ま》き返し盛んなるものがありました。ジャーナリズムは一方で増村保造や中平康や今村昌平の肩をたたきながら、一方で老巨匠達に拍手しました。日本映画界も平和共存らしいですね。私はこうしたことが結果となって現われるであろう一九五八年度の各種の映画賞やベストテンをあらかじめダンガイしておきます。

林健太郎先生は「山本富士子の美しさをますます発揮するために、どうしても彼女にマッチした台本と監督を発見することが必要になる」と大いに心配していますが、どうか御心配なく、彼女はチャンと『白鷺』衣笠貞之助や『彼岸花』小津安二郎を発見しています。年寄ばかりだなどと言ってはいけません。彼等ほど彼女の絶対的な美という魅力を活かしてくれる監督はないのです。殊に小津安二郎の『彼岸花』における彼女の使い方などは実に心にくい限りであって、新人監督達は対観客という地点で巨匠達の使うこういう巧みさを一刻も早く奪い取り、それを逆手にとって彼等に戦いをいどむ必要があります。新人で思い出しましたが、彼女は同じ大映にいながら増村保造の作品には『氷壁』一本しか出ていません。しかも彼女は「むずかしくて自信がなく、本を戴いた時、おりたいと思い……始めからこの役にはとけ込めなかった」そうです。林健太郎先生もまた「魚津という、初めて会ったセンスのない男に、八代美那子はすぐ好意を感じて、重要な打ち明け話をしなければならないのだから、山本富士子も大へんである」と同情しています。私などは、この打ち明け話、美那子が夫以外の男と肉体関係を持ったという告白をする時に、それまでうつむいていた女が顔を上げ、ハタと男を見据えてキッパリと「私、あの方と体の関係を持ったことがございます！」というカットに感激し、私が女の中の女と尊敬している或る中年の女性にその話をしたら、「そうよ！　それがほんとよ！」と言われて、ますます感激した記憶があるのですが、山本富士子にとってはこんな危険なイメージは避けて通らねばならぬものであるようです。この辺が彼女の政治力の卓抜な所であって、彼女は観客が抱く絶対的な美女というイメージを決してこわさぬようにあらゆる努力を尽しているのです。この政治力、絶対的な美女のイメージに当てはまる役を一年に一本か半年に一本はどうしても演る、その外毒にも薬にもならぬ作品にも出る、しかしまかりまちがって毒になりそうな作品にはたとえ薬になる可能性があっても絶対に出ないという政治力こそは、彼女の肉体の魅力、後で述べる演技力と並んで彼女の地位を支えている重要な柱の一つです。したがって一九五九年を迎えての彼女の念願は「愉しんでいただける娯楽作品に出演すること、それを大切にすること。同時に野心を持ってぶつかって行ける、文芸作品にも出演したいということ」なのです。これは林健太郎先生の大映社長への提案「年に一、二本彼女に適した芸術映画をつくり、質の悪くない娯楽映画を五、六本とるという位のところが彼女にとって適当であり、会社にとっても結局は得なのではないか」と奇妙に一致しています。現実に映画の社会でその地位を守っていかなければならない山本富士子の言葉は当然とし、彼女のファンであり彼女のためを思っているにしては、先生の発言は何と余りにも社会改良主義的ではないでしょうか。もっとも今の日本では政治の分野でも芸術の分野でも社会改良主義は大いにウケているのだから仕方がないかも知れませんが。

　しかし、社会改良主義などというものは、一見持続的な力を持つかに見えながら、実は決して力を持つことは出来ないのです。持続的な力とは、その時その時の革命的な力の集積に外なりません。人間は絶えず現在の自己を否定し、新しい自己を築いて行く以外に、移り変わる時代に耐えて生き抜いて行くことは出来ません。林健太郎先生などよりはるかに荒々しく現実に素肌をさらしている山本富士子は、頂点にまで登りつめた現在の自己を更に新しい突破口に導こうとしています。昨年八月に第一作『人肌孔雀』を本年一月に第二作『人肌牡丹』を出した「人肌シリーズ」は明らかにその一つの現われです。山本富士子が町娘・姐御・芸者・武家娘或いは男に扮して大活躍するこの時代劇は、もし成功すれば、長谷川一夫の「銭形平次」市川右太衛門の「旗本退屈男」のような十八番の出し物になるでしょう。しかしそれは、平次や退屈男がはっきりとした一つの性格《キャラクター》であるのに対し、彼女の場合そうでないことによって、所詮匹敵する力は持てそうにありません。では、「ひばり捕物帖」と比べてどうでしょうか。ひばりの演ずる役もまた平次や退屈男ほどの性格ではありません。しかしそれだけにひばりそのものの魅力をもっと前面に押し出しています。明るく庶民的で歌が上手でという風に。これに反して山本富士子の「人肌もの」の魅力はやはり彼女の美しさが決定的な要素をしめています。しかも彼女の男装が売り物である点、依然として頽廃の色濃いことを免れていません。そしてそのことが逆に彼女の現代物などが及びもつかない魅力を与える原因にもなっています。恐らくはこれからこの種の作品の数は増加し、現代物の数は減少するでしょう。そして彼女が野心を燃やす文芸物は、明治か大正せいぜい昭和初期の作品に限られて行くでしょう。そしてそれらの作品はそれぞれの地点の観客を動員し、人気は続いて行くでしょう。——彼女の美しさが衰えるまでは。

　私は今ここで、山本富士子と同じように鏡花の作品の女を演じて成功した、かつての絶対的美人女優入江たか子に就いて調べたい欲望にかられます。普通入江たか子は演技力がなかったために殊にトーキーになってセリフが下手だったために没落したのだと言われています。しかし本当にそうなのか？　では山本富士子は演技力があるから、主演女優賞をもらうくらいだから！　大丈夫だ、少々人気は衰えるにしても、その肉体的な美しさが崩れたあとでも、女優としての生命を保つことが出来ると言えるでしょうか。今こそ彼女の演技力について考えるべき時です。

　山本富士子が演技開眼したのは『夜の河』だったと言われています。彼女はこの作品に就いてこう言っています。「(役を演る場合) 今までは自分をすっかり白紙に戻し、その上に別の与えられた役をこしらえ上げたのですが、今度は自分の中にその人物の性格を探し、少しでもその分子があればそれをうんと拡大して、自分をかりてその役を表現していったのです」勿論この言葉を全部額面通りに受けとることは出来ませんが、ともかくも映画の仕事について三年、彼女は初めてキャメラの前で自由になることが出来たのです。それは人間の実生活での肉体と精神が持つ有機性と同じ有機性を持ってキャメラの前で虚構のアクションを行なうことが出来たということです。このことは映画俳優の最低の条件です（もっともこれさえ満たさない俳優達がウヨウヨしていますが）。この点において安部公房の言う、映画俳優の先祖は名優などだったのではなく単に走る一頭の馬だった、ということは確かに正しいのですが、馬がキャメラの前で馬であることは簡単であるとしても、人間がキャメラの前に自由な人間であり、有機性を持って虚構のアクションをするということは決して簡単なことではないのであります。ではそのような能力――これこそ演技の第一段階と言っていいでしょう――はどのようにして身につけることができるのでしょうか。山本富士子が、或いは多くの映画俳優達が、何の訓練も受けずにそうした能力を身につけて行くのはどうしてでしょうか。その一つはキャメラの前でのなれ、つまりアクションをしている時に自分の肉体と精神がどのような状態であるかを自覚することが出来るようになることです。今一つはそれと同時に、実生活の肉体と精神が自由になり、その一つ一つのアクションを意識出来るようになることです。この二つの地点で自分の肉体と精神を意識し分解出来る能力が演技力の第一段階なのです。安部公房はこのことを「それは多分デカダンスによるものだ。彼らは出演数が多くなるにつれて上手になって行く。それがデカダンスを助長させるからである」と言っています。ついでですが「文学的映画論」におさめられたこの文章は大変に示唆に富んだものです。花田清輝は安部や椎名がやれなかったこと（映画監督）をやったと言って石原慎太郎の立派さをたたえていますが、やはり本当の意味で映画に新しいものを与え得るのは花田も含めて安部や椎名の力であるようです。願わくば彼等が映画批評を書いて稼いだ金でも積み立てて早く一本の映画をおつくりになるように！　三十分もののテレビ映画なら五十万から九十万くらいで出来るのですから。――余談はさておき、山本富士子がそうした演技力を身につけた時期と彼女が大スターとしての地位を固めた時期が一致したのは、このように当然のことであった訳です。それ以後、彼女の演技力はあるがままの山本富士子の魅力を活かすための強力な武器として、着々と彼女の地位を高めて行き、遂に彼女をして人気第一の女優でしかも主演女優賞というピークにまで到達させることになったのは前に述べた通りです。その間における彼女の実生活もまた、彼女の女優としての絶対的な美しさに奉仕するものであったろうことは想像にかたくありません。したがって悲劇は彼女の絶対的な美しさがもはやスクリーンの上で観客に訴えることが出来なくなる時、彼女を救うべき実生活とその上に立つ政治力と演技力は、完全にその絶対的な美しさに対応するものであったために、新しいイメージをつくり上げる力を喪失していたという形で発生すると考えられるのです。入江たか子の運命は単にセリフが下手だったというようなことでなく、そのようなものではなかったかと私は思います。

こうした悲劇を未然に防ぐためには、どうしたらいいでしょうか？　ここで、次のことを考えてみたいと思います。俳優の成長とか変化というものは、その肉体的精神的資質を決定するものとしての実生活の成長や変化に規制されるものでしかないのかどうか？　もし俳優の演技力が実生活に密着して形成された段階にとどまっている限り、その通りです。しかしながら俳優は自己から出来るだけ離れた役を演ずることによって、自己の演技力を成長させ、更に自己そのものをその実生活も含めて変えて行くことが出来るのです。少なくとも舞台俳優の成長・変化・形成の過程はこのようなものであります。ただし日本の新劇俳優の大部分は人間の肉体と精神の有機性を全く無視したものまねをやっているに過ぎず、彼等は決して俳優と呼べない存在であることは「モスクワ芸術座」の来演で全くハッキリ致しました。「モスクワ芸術座」の、人間の実生活での肉体と精神が持つ有機性と同じ質の有機性を量的にはケタ外れに（したがって質的変化に到達している）大きく豊かな形で持つ演技こそは、すべてが美しくすべてが自然であって舞台と映画とを問わず俳優達が学ばねばならぬ一切のものを示していました。それを見た私は、小山内薫がこの演技を見て来て、俳優になって一年か二年しかたたない若い人達に演技を外形的にふりつけることによって（芸術座においては内的必然をふくんでいたのに）悪しき新劇的演技の伝統の緒を開いたことの、或る意味での必然性とその上に眠ってしまった新劇の頽廃とを痛い位に身にしみて感じたのでした。また余談になりかけましたが、そのように舞台の俳優が役を演ずることによって自己を成長・変化させて行く方法を、今や山本富士子は採用すべき時に来ているのです。それも出来るだけ自己と質的に違った役を、です。そして彼女の言うような「自分を白紙にかえす」やり方ではなく、自己はハッキリと自己として、それと役との対決の上に新しい自己を形成して行くことが必要なのです。現在のいわゆる自分にあった役では彼女はたしかにうまい。それは小津安二郎の『彼岸花』を観ればよく判ります。小津安二郎は説明的な演技を一切拒絶し除去してしまうので、説明しか出来ない俳優は皆人形のようになってしまうのですが、山本富士子はあんなにハツラツと生きていたではありませんか。そのことは彼女が或る限界の中では実に自由ないい俳優であることを示しています。だが、更に大きく飛躍するために、彼女は小津安二郎や衣笠貞之助から別れる必要があります。そして市川崑や増村保造のような、まかりまちがうと彼女の現在の魅力を殺しかねない監督の作品に出る必要があります。例えばあの絶対的な美しさに輝く肉体の中で、精神が泥のように頽廃して行くといった風なドラマに取り組む必要があります。彼女の美しさが観客を惹きつけ、彼女の政治力が物を言う間に、その美しさを逆手に取り、新しい自己を生み出してくれるような役にとりくむことによって、観客が今までの彼女にあきる一瞬前に、新しい魅力に輝く山本富士子として再生する必要が絶対にあるのです。もし彼女が近いうちにお嫁さんに行ってしまうのでなく映画俳優として生き抜いて行くつもりでいるならば、です。

林健太郎先生にとっては「芸域の拡張は必要であるが、それは異質的な己れへの飛躍としてではなく、漸進的な進化として行なわれることが望ましい」そうです。しかし私は、山本富士子に、異質的な己れの飛躍を望んでいるのです。社会改良主義的な方法ではなく、絶えず自己を革命して行く方法だけが、変転する現代に生き抜いて行く唯一の道だと私は信ずるからです。林先生と私と、どちらが山本富士子の味方であったか、映画の歴史が証明してくれるでしょう。どちらが民衆の味方であったかということもまた、日本の歴史が証明してくれるでしょう。

私の生存の意味——滝沢英輔追悼

滝沢英輔監督が亡くなられた。映画雑誌から生と死にまつわる思いを書けなどといわれて苦吟している歳末にこうした訃報を聞くのはつらいことである。

私は滝沢さんが好きだった。いや、好きだったといっても何か特殊な関係があったわけではない。その作品を熱心に見たわけでもない。もちろん仕事の上でつきあいがあったわけでもない。ただ、監督協会の集まりの席上で何度か言葉を交わしたにすぎない。あれは何時のことだったろうか。ともかく私が監督協会の一員になったころ、私には座る席がなかった。私は監督になったとたんに松竹を辞めたのだったから、松竹の監督の傍へ座るのはためらわれた。恩地日出夫も吉田喜重も浦山桐郎もまだそこにはいなかった。私はあたりを見廻し、やはり何となく一人で座っているという感じの関川秀雄監督の傍に座った。関川さんが酒飲みだということを聞いていたせいもある。関川さんと無限に杯をやりとりした。しかし関川さんはおしゃべりではない。私は無性にしゃべりたく、酒の勢いを借りて上座の賑かな席にあつかましくもわりこんでいったのだった。そこに滝沢さんが居られたのだったろうか。

先月号の本誌に、林玉樹氏は、監督協会の活動は活潑ではないと書いておられる。しかしこれは調査不足の言である。いや、林氏を責める気はない。私たちのPR不足と言うべきであろう。しかし監督協会は不活潑ではない。少くとも昨年一年、対外的な活動をとってみてもそうである。オリンピック映画の問題について、映倫の問題について、監督協会は常にいち早く適切で建設的な意見を表明した。映画著作権の問題についてはもっとも精力的に活動し独自で正確な見解を表明した。それらは地味な活動である。たとえば著作権の問題など、本誌にも取りあげてもらうようそれとなく言ってみたこともあったが、それきりであった。いや、編集者を責める気はない。私たちの熱意不足と言うべきであろう。しかし、それくらい重い問題に、監督協会は真剣に取り組んでいるのである。対内的には仕事の減少の問題、数多くの会員のフリー化の問題、三百万映画の群生によって輩出した監督の問題、テレビ映画の演出家の問題、どれ一つ解決した問題はないが、それらは全て総会で問題提起され、理事会、委員会において討議されているのである。活動が不十分であると認めたくはないのである。林氏は巨匠といわれる人たちがと言って、その人たちが協会の活動に不熱心であるということを証拠に監督協会の活動を云々しておられる。巨匠とは誰のことであるのか。

それが、あの戦時中の統制時代に監督になった人たちの一部を指すのならよい。また、かつての独立プロを背負った共産系の巨匠が不熱心なのも事実である。しかし当然組織について熱意を示すべきこの人たちの不熱心については、かのレッドパージの時代の不幸なトラブルに原因があるらしく私は聞いている。とすれば、むしろ巨匠たちこそ、協会の活動に熱心なのである。前理事長小津安二郎監督しかり。現理事長五所平之助監督しかり。むしろこうした巨匠たち、映画が統制され、監督がサラリーマン化するより前にすでに監督であったこの人たちこそ、協会をつくり育てて来たのだ。座る席のなかった私は、そうした人たちの前におずおずと進んで行き、杯のやりとりに加えてもらったのだ。映画をつくらなかった三年間、私は時として自らが映画監督であるか否かと思い惑いつつ、それでも自ら映画監督であると思い定めた者は断じて映画監督であると信じて協会の集りに出つづけたが、それは、そうした集りで、伊藤大輔、内田吐夢《とむ》、稲垣浩そして滝沢英輔等の諸監督から与えられた激励の言葉と、一杯の盃に甘えてのことにほかならなかったかも知れない。そうだ。私はこれらの諸大先輩こそは、映画が断乎として映画をつくろうと志すものが自らつくる以外にない時代が再び来、その中で映画監督はもはやサラリーマンとしては生きえない時代が来ていることを知り、私などはいわばその、疾風怒濤《しっぷうどとう》のなかに危うげにも乗り出した孤舟であるかに見え、自らの青春の時と思いあわせ一種の共感を抱いていてくださっていると、遂には思い疑わぬにいたったのである。ああ、いよいよ健在であられる諸大先輩には、いつかまた酒間にこうした感謝を述べる日もあろう。また作品をもってそれに報いることもあろう。しかし、滝沢さんはもう亡いのである。

あれは何時のことだったか。ともかく私が『天草四郎時貞』を撮ったあとであったことは確かである。あの中に、三國連太郎の扮する絵師右衛門が燃える代官屋敷を描いているところへ、父がキリシタンを裏切ったことを知った娘が来て刀で斬りつけるところがあった。滝沢さんはそこの描き方が悪いというのである。私としては、娘が父に斬りつけ、父がそれをしどろもどろに弁解しつつ逃げるだけで十分迫力あるシーンのつもりであった。しかし滝沢さんは言うのである。あの場合絵師右衛門は、斬られながら画を描きつづけなければならない。そして娘はその気迫に押されて、遂に斬り殺すことができないのでなければいけない。斬られれば画を描いていても逃げるというような男でなく、画を描いているときはたとえ斬られても逃げない程の男が裏切ったということではじめてその裏切りの重味がでてくるのである。というわけである。滝沢さん。あれはあなたが『斬られの仙太』をやろうと考えておられてのイメージだったでしょうか。ともかくも私いまもなおあの時の言葉が惨烈なイメージとしてあざやかに脳裡に生きながら、それをフィルムに定着させえないでいるのです。滝沢さん。願わくば不敏の弟子のため、九天より加護を垂れ給え。

子供の頃、私にとって死は親しいものであった。小学校へ入るや入らずのうちに、次々に肉親に死なれたから、私にとって死は特別なものではなかった。日本が既に戦争のなかにどっぷりと浸りこんでいたことも、それに拍車をかけたかも知れない。私は死を恐れずいつでも死ぬ用意ができていた。少くとも自分はそう思っていた。

戦争が終わったことは、一応死の約束の破棄を意味した。しかし、私個人にとって戦後は必ずしも生を意味したのではなかった。私は種々の運動に参加し、政治的党派以外の数々の組織や集団で或る種の組織者として働いたが、それは私にとって組織や集団が個人を生かすものであるというよりは、むしろそれあることによって、個人を安らかな死におもむかしめることができるからであったかも知れない。幼い頃、死があんなに自分の傍に親しいものとしてあったということは、私に死すべき個人としての人間というものに対する信頼を失わせたのかも知れない。それに比べれば、組織や集団というものの方がどんなにか信頼に値するものであったかも知れない。そしてそのことが長い間行動者としての私の考えになっていたかも知れない。だからそうした行動者としての私は、いつも少々ニヒルで少々デスペレート、その分少々いさぎよくその分少々勇気があったと言えるだろう。或いは公的な正義の概念にあてはまっていたかも知れない。今、或る種の友人たちが、私の作品や行動に対し一種変節したとでも言うべき叱声《しっせい》を放ちつつあるのは、私の全てをそうした行動者としての側面に於いて律し、その運命に殉じさせようと考えているからにほかならないだろう。

しかし私のなかには、そうした華やかな公的行動者としての表面の蔭に、我執に満ちた生への欲望が常にあった筈である。いや、むしろ、それがなかったならば、一方に於いて私は映画をつくる必要もなかっただろうし、またつくることもできなかったろう。いくつかの作品において、私はその我執をいわば公的正義のうしろにかくそうとしたし、そのことを正しいと信じていたが、しかしかくしおおせたとは夢にも思わない。また、単に作品世界にとどまらず、行動の側面においても、私の公的行動者としての行動の裏に烈しい我執の存在を認めたればこそ、人々は私を全面的には信頼しなかったかもしれない。しかし、私はいかなる公的行動者であろうともその裏というか、そのなかというか我執が存在しない人間が居るなどと認めることはできない。したがって私は、そうではなく公的行動以外にないと称する政治的党派にはかつて加わったことはなかったし、今後も加わることはないのである。だからこそ、私は行動者としての私に我執がついて廻っていることをかくそうとはしなかった。或る種の人々は私の我執の存在に眼をふさぐことによって私を賞讃し、また或る種の人々はそれが存在するというだけで私を警戒した。しかし、そろそろそれらがいずれも虚妄であることに気付いていただきたい。

それにしても、私のなかで、死すべき個人としての人間への不信、組織・集団への信頼という側面より、現に生きて在る個人としての人間の信頼、執着という側面がより強く浮びあがって来ていることは事実である。これは私がようやく、自らの肉体の衰えを感じはじめたからであろうか。突如襲ってくるものとしてではなく、徐々に徐々にそれに近づいて行くものとして死を考えはじめたからであろうか。それ故により強く生について考えはじめたからであろうか。

新しい年に私がつくる映画『白昼の通り魔』（原作・武田泰淳）は、一人の男と心中して生き残り、別の男に二度犯され、一人の女と心中してなおも生き残った篠崎シノという若い女の物語である。武田氏は昭和三十五年に書いたこの小説に三十八年に加筆して、篠崎シノさんの生存の意味をより深く理解することができたと書いているが、私もまたこの篠崎シノさんの生存の意味を更に深く理解したいのである。そしてそれは、私の生存の意味を理解することでもある。

小川徹について

『天草四郎時貞』の批評を小川徹が書く、題名は「大きな肉体と小さな精神」というんだとある映画雑誌の編集者に聞かされた時は全くいい気がしなかった。一晩眠れなかったくらいである。私が二十五貫になんなんとする巨体の持主であることはやや周知の事実、その私が急に小頭症のプロレスラーであるかのような印象を世間にあたえはじめるのではないかという恐怖に襲われたのである。

小川徹は、そのように作家の心胆を寒からしめる、それでいてあいつが何と言うかやはり気にせずにはいられないというふうな、現代においてはまことに数少ない映画批評の書き手の一人である。

しかし小川徹自身もまた「大きな肉体と小さな精神」ふうのところがないでもない。だいいち彼は私と全く同型の肉体の持主である、精神の方も大差のあろう筈がない。それに彼の批評を支える二本の柱は言うまでもなく性と政治である。

性と政治はひどく小川徹を惹きつける。どんな映画のなかにも、彼は嗅覚のよいブルドッグのように、作者の或いは製作機構の性と政治についての観念をかぎつける。またそれらの映画が観客に受けとられるその受けとられ方のなかに、観客或いは民衆の性と政治についての観念を発見する。そして彼は悠々と舌なめずりしながら前脚でごろり後脚でごろり、ひっくりかえし、ひっくりかえしして楽しみ、漸くそれに飽きるとやおら食い尽くしてしまうのである。彼の批評はいわばその味の記録であると同時に、それを味わう前にいかに彼を興奮させてくれたかの記録である。彼は美食家であるが同時に不味い食い物をうまく食うすべも知っているのである。これは恐らく彼があの貧しい戦争の時代に青春を迎えた戦中派の一人であるからであろう。

このことは疑いもなく批評家としての卓抜な才能を約束するものであるが、戦争の時代の食物にも増して栄養価の低い現代の映画の世界においては、時としてそのことが欠陥に変ずるおそれなしとしない。しかも数々のタブーがなおも存在し、いっそう多くなりつつある現在においては小川徹の好みも益々陰微におもむき、性と政治の二本柱のうち、ともすれば前者に大きく傾くふうのおもむきにならざるを得ないであろう。いよいよもって「大きな肉体と小さな精神」たるのゆえんである。

私が小川徹にはじめて会ったのは一九五九年の暮れであった。彼は私の第一作『愛と希望の街』を見てはいなかったが、何やら変わった新人が現われたらしいということで通信記者として取材してくれたのである。彼はあの大きな体に小さなキャメラをぶらさげて日比谷公園をぶらぶら歩きながら「君いくつ？」と聞き、私が二十七と答えると「その位でその程度やれれば人生幸せだなあ」と言った。私は当時、会社からホサれていて少しも幸せでなかった。

その後昨年の夏、私が松竹をやめる時、石堂淑朗と私が立てこもっていた新宿歌舞伎町の汚ない宿屋にも彼はやってきた。その頃既に映画雑誌上にその文章が多大の人気を博していたが、依然として有能な通信記者だった彼はどかりと腰をおろすなり「石堂さん、あんたはいいところにいますなあ、僕は昔からこういうところでものを書きたかったんだ」と叫んだ。いいところと言うのが連れこみ宿で、近所にトルコ風呂あり、屋台あり、オカマが出没するというような風物を言ったのか、或いはあの一ヶ月もシャツを洗わぬ石堂淑朗すらヘキエキしている宿屋のお粗末さかげんすら小川徹にはいい住いに見えるのか判らぬところがなかなかよかった。おまけに石堂が古本屋で買ってきた彼の第一著書『作家と女優』が部屋の隅に転がっていたので彼は益々照れている感じであった。

その後、彼は『人物日本史物語』という人間の生ぐさい欲望を中心に据えた歴史書を書いて好評だったが、同時に今まで勤めていた通信社を辞めたという噂を聞いた。

今年の春のことである。しかも半ば辞めざるを得ないような事情のもとに辞めたのだという噂であった。

　戦後ずっと勤めた通信社を辞めたこと、そしてその辞めた時の事情は彼に厳しい決意を固めさせたようである。書くことの決意、ただ書くためにだけでなく書くことの決意。先日久しぶりに会った彼は意気大いに上っていた。そう言えば私も彼に言われた割合には決して幸せなんかではないが、決して意気上らぬわけではないのである。どうやらわれわれは小川徹の批評におけるが如く困難の中に勇気を、欠乏のなかに豊饒を見出すことに生活の智慧を見出しているもののようである。ここにおいて「大きな肉体と小さな精神」というテーゼは逆転する。これではまるっきり「小さな肉体と大きな精神」ではないか。

　しかしながら、本来はそうした困難のなかに勇気をふるいおこしたり、欠乏のなかに豊饒を見出したりすることは小川徹のもっとも忌むところのものであり、それに反対することこそ小川徹のテーマであった筈である。私もまたそれに組する。にもかかわらず現実はわれわれかくの如く生きざるを得ないし、彼の批評もまた欠乏と貧困のなかから豊饒と富貴を発見する以外にないことは正に前述のとおりである。

　このテーマと方法の矛盾を如何にするのか。

　それは言うまでもなく、肉体と精神の二元論を克服することによってのみ解決されるだろう。しかしこの二元論の克服は決して論理の上でだけ行って可能というものではない。われわれの肉体が大きくなることが精神を小さくさせることであり、また精神を大きくすることが肉体を小さくすることになる、という状況を逆転するためには行動が必要である。批評もまた行動の一つである。そこに小川徹のたたかいがある。私は小川徹のたたかいが勇敢に巧妙に、そして粘り強くたたかわれることを切に希む。同じ陣営にいる者の一人として。

虫明亜呂無の青春のすべて――『スポーツへの誘惑』

たとえば私は、プロ野球南海ホークスのファンであるが、虫明亜呂無も同じように南海ファンと呼ぶことができるであろうか。

今年の日本シリーズ最終戦を観たあと、私は偶然虫明亜呂無と会った。南海ホークスのみにくい敗戦は私にとって大きな打撃であったが、常に平静な虫明亜呂無の顔面にも当惑と苦渋の色は覆うべくもなかった。虫明亜呂無は断乎として言った。「ジャイアンツはいいチームです。今日こそ私はジャイアンツのファンになりました。」

これを、とり乱した南海ファンの自暴自棄の言葉と聞いてもらっては困る。虫明亜呂無はやはりファンというようなたわいない肩書のつく人間ではないのだ。チグハグとしか言いようのない南海の敗戦が虫明亜呂無の心をかき乱したとすれば、それは彼が南海の野球を推賞して来た人間であるからだ。そうした言葉こそふさわしい。推賞して来たというか、見る価値のあるものとして見て来たというか。

ある年、虫明亜呂無はオープン戦からはじまって、六十何ゲームをたてつづけに球場に見にかよう。そして最後に、後楽園球場の階段をあがりきり、外野の芝生が目の前に鮮かな緑にひろがっているのを見た瞬間、連日の疲労のかさなりで卒倒する。生命がけで野球を見てきたのである。

虫明亜呂無は、大阪以西の球団の野球を推賞する。阪神や南海電車の沿線。電車の線路すれすれに、軒の低い、貧しい家並がひしめきあい、夕方になれば魚を焼くけむりが、軒のすぐ前を走ってゆく電車の窓に流れこんでくる。虫明亜呂無にとって野球とは、そんな背景、そんな地盤にそだってゆくスポーツなのである。だからこそ、賤民街、スラム街をバックにした学校が野球に強いのである。

私もまたそうした街に育ち、野球の強い学校に学んだ。そこで多くのスポーツマンを友人とし、多くのスポーツを観た。しかし、命がけであったことはなく、いまはたわいない南海ファンにすぎない。私は思う。虫明亜呂無とは何びとであるのか。

虫明亜呂無。映画雑誌の編集者、そして言うまでもなく映画の評論家。と言って、毎月あるいは毎週何かの雑誌でその評論に接することができるというていの批評家でもない。寡筆《かひつ》と言おうか、慎重と言おうか。またその編集にかかる雑誌が飛躍的にその誌面を一新したとも思えず、さりとして停滞のなかにあるわけでもない。誰しもが虫明さんと呼び、高名なる女優でその門をたたき一身上の教示を乞う者あとを絶たないと言う。女優のみならず、かのむっつり右門佐藤忠男すら、一朝事ある時は必ず虫明亜呂無を訪ね、談じ入ること深更に及ぶと聞く。虫明亜呂無とはそも何びとであるのか。

『スポーツへの誘惑』一巻を見よ。そこには虫明亜呂無の全てが語られている。虫明亜呂無の青春の全てが語られている。

青春、去りて帰らず。

虚しく生きのびて、今は静かに微笑んでいるよりほかないではないか。

勤勉な少年と思いこまれていた頃、ひそかに東大のグラウンドへ通って毎日夕ぐれまで見ていたサッカーの練習。

昭和十二年、ベルリン・オリンピックの年。房州、御宿の海岸で、「世界のサッカーを見なさい」と教えてくれた人。その人にかしずくように面倒をみていた女のひと。

十代の終わり、登山紀行文を飜訳してくわしくなった西欧の山。そして登るべくして登らなかった日本の山。

そして二十歳三ヵ月で入れられてしまった軍隊。

戦後になって、吐気を催しながら見て廻った、見て廻らざるをえなかった茶室や茶庭。

昭和三十年。飢えて、貧しい市民。ゲインスボローの系譜を完成しようと乱読した生物遺伝学、生理学、動物学の本。

ボートを、ボクシングを、サッカーを、バレーを、そして野球を、競馬を見ながら、虫明亜呂無はおのれの青春を去来する。稲妻のように烈しく、蜃気楼のようになつかしく、それらの思い出は虫明亜呂無の胸を、そして私たちの胸をうちたたく。更に、劇や、映画や、詩や、或いは新聞記事までが、スポーツのふしぎな動と静の間隔を縫って、まだ私たちの見たことのない姿で立ちあらわれ、また一瞬のうちに姿を消す。

虫明亜呂無。君は魔術師であるのか。月光のピエロであるのか。『スポーツへの誘惑』一巻には、たしかに〈見る人間〉としてのあなたの誇りが、高く冷やかに輝いているけれども、その光があまりにもかがやかに微妙なので、私たちは、むしろ、それを〈見せる人間〉の誇りだと見あやまってしまうかも知れない。あなただけしか見ないかも知れない。

それは虫明亜呂無の栄光であるだろう。

第二章◎わが思索、わが風土

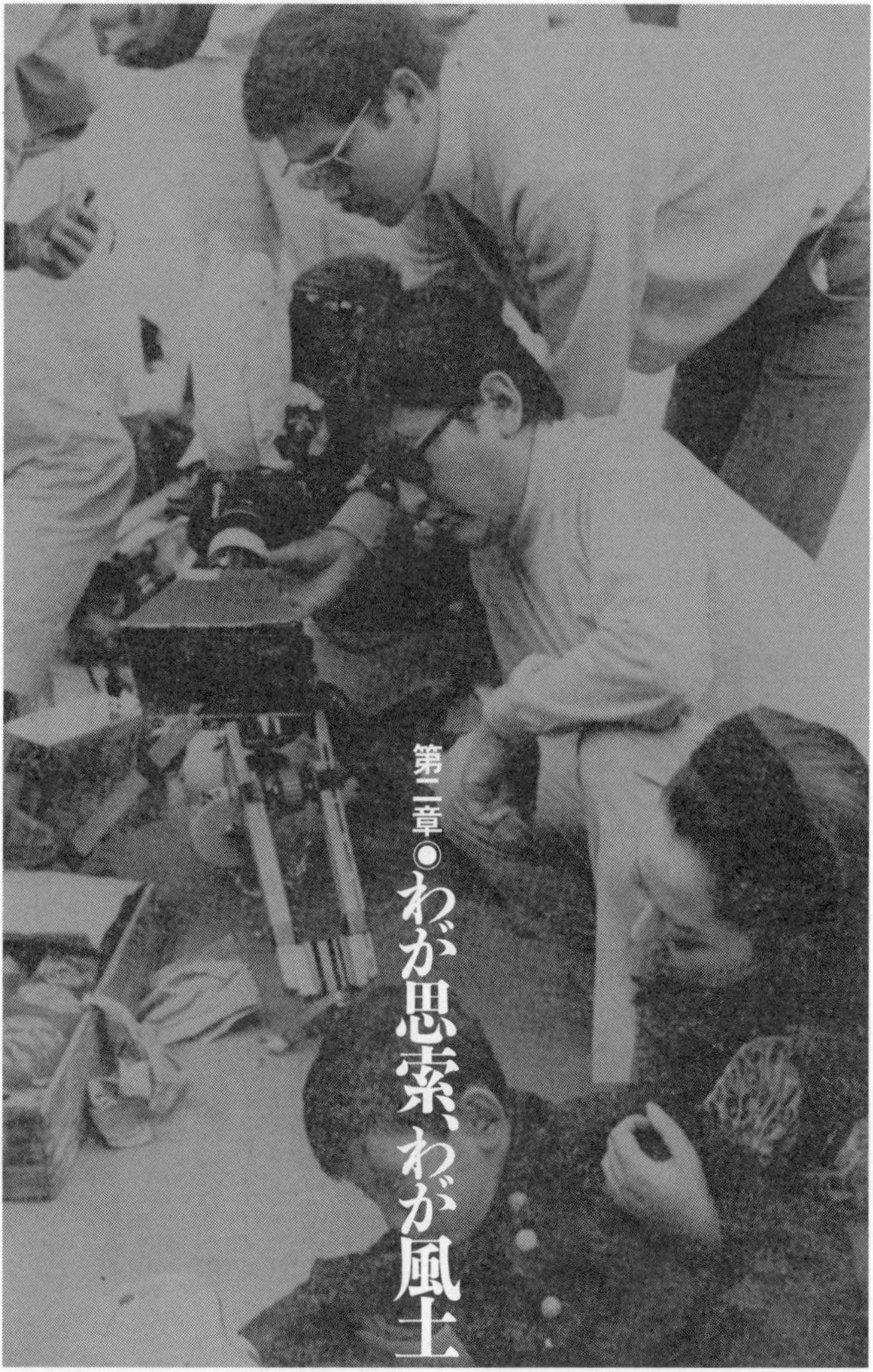

職業　幻想を現実化する

私は今、一つの映画を完成したところだ。題して『儀式』という。満州事変のころ生れた男が、戦後二十五年の間、冠婚葬祭の儀式をどう過ごしてきたかという話だ。

その主人公の生れた家は――。いや、そんなことはどうでもよい。いずれにしてもそれはもうつくってしまった作品だ。問題は、これからつくる作品なのだ。

私はふと、指折り数えてしまう。死ぬまでに、あと何本の映画をつくれるかと。私はあと一年で四十になる。五十までの十年間に十本。それから六十までに五本。六十から、いくつで死ぬかしらないが、割合長生きするつもりであと五本。合計二十本。しかしそれは甘い計算だ。

たとえ映画をつくらなくても、当人が映画監督であると思っている限り、彼は映画監督なのだと信じたい。少なくとも、彼がある映画をつくり、その次また映画をつくったとすれば、その間の空白がいかに長かろうとも、その間彼は映画監督なのだ。しかし、その空白が三年、五年というふうになれば、彼が映画監督を職業としているということは言えなくなるだろう。

職業というものが、最低、妻子を養うに足る金銭をかせぐためのものであるとするならば、現在においては、映画監督という仕事は職業として成立たないのである。いわば、実業にあらず、一個の虚業というほかはない。

そこで、いいではないか、映画監督は芸術家なんだから、という声が聞える。ウソをつけ。言葉の本来の意味においてはともかく、現在の日本社会でまかりとおる芸術家などと、映画監督は縁もゆかりもない。

そのことはごていねいにも法律が決めてくれた。今年の一月一日から施行された新しい著作権法によって、映画の著作権は、映画の著作者である監督の手から離れて映画会社に帰属してしまうようになったのである。私は監督協会の一員としてほぼ七年にわたり、この法律の成立とたたかったが、ついに力足らず敗北せざるをえなかった。私はこの敗北と、この時の人々の無関心について、生涯そのうらみを忘れることはできない。

世は芸術家過保護時代である。画家よ。音楽家よ。小説家よ。あなたがたの芸術家としての権利は、法律で守られている。あなたがたはその守られているという意味において芸術家なのだ。映画監督は断じて芸術家ではありえない。

だから、そのことを映画監督は栄光とせよ、とも言える。私も時々、酔余、叫んでみる。昔、小説家にだって、画家にだって、著作権を与えられない時代はあったのだ。そのなかで、苦闘しながら、すぐれた作品を生んでいった。そして著作権を徐々に確立していったのだ。そうした先人が確立してくれた権利によって最初から過保護されている現代日本の芸術家諸君よりは、今、何一つ保護されず、作品をつくる条件をつくるところから始めなければならない映画監督の方が、はるかにすぐれた作品をつくりうるのだ。

しかし、それもまた幻想にすぎないかもしれない。あるいはこの幻想を現実化しようとする努力、というよりは映画監督という虚業を何とか職業として成立させて行こうという努力が、私という人間を変えてしまった、というべきか。今の私は破壊された人間である。

昔はこうではなかった。昭和二十九年、松竹大船撮影所に助監督として入社した時、私は職業を得たことを素直に喜んでいた。就職難の時代だったし、すでにいくつもの入社試験に落ちていた。一緒に演劇をやっていた友人に誘われて、ひやかしに受けてみただけだった。私は、映画はカットごとに撮って行くものだということさえ知らなかった。しかし合格してみると、たとえ六千円の給料でも、それはれっきとした職業であって、戦争と貧乏から来る飢えにおびえつづけて来た青年にとっては手放すことのできないものだった。しかし、撮影所の助監督というのは、屈辱的な仕事だった。私はいつも自分の居場所を見つけることができず、職業というものに自分がついてしまったことを悔い、大学へ帰ろうかなどと考えこんでいて、そのたびにスタッフの罵声をあびるのだった。やがて私は何も考えず、ただからだを動かすことを覚えた。やみくもに徹夜することもできるようになった。入社して一年近く、編集の部屋に何日か閉じこもって映画を完成した徹夜の夜明け、満開の桜が私の目を射た。その時、私は一つの職業を手にした誇りに思わず涙ぐんだのだが。

犯罪　悪徳を自覚しつつ

撮影所の助監督という職業に習熟し始めたころ、私にも、どうやら自分も映画監督になれるかもしれないというのぞみが生れた。しかし私はいわゆる芸術的な映画を撮る監督にはなりたいともなれるとも思わなかった。ただ私は、大衆的で興行的に成功する映画をつくる監督ぐらいにはなれるだろうと思っていた。私ののぞみはささやかであった。したがって、監督になってどんな作品をつくるかなどということは何一つ見当がついていなかった。

結局、私がどのような映画をつくる映画監督であるか、ということが自分でわかったのは、私が実際に映画をつくり始めてからであり、それも、何本かの映画をつくったあとであった。私は思いもかけず、この世の中で犯罪と呼ばれる行為に、最もひきつけられる人間であったのである。私が自覚しないにもかかわらず、私の映画はつねに何らかの犯罪を主題としており、その犯罪者は、やむなく罪を犯す人間から、好んで罪を犯す人間あるいはなぜそうするのか自覚せぬまま罪を犯す人間にまでエスカレートしていったのである。

　現実生活における私は犯罪者ではないが、私の映画における犯罪がエスカレートするにつれて、私の夢にあらわれる犯罪の場面もますます濃密になってゆくようである。それはまず例外なく、性的変質行為をふくむ大量虐殺場面から始まる。そしてそこには非常に現実的な登場人物と全く架空の人物が入り交っている。次いで逃走、しばしば虐殺と性的行為をふくむ逃走がある。そして何年かの平和な仮面をかぶった市民生活があり、それが突然発覚して、逮捕、裁判、投獄と続くのである。不思議に死刑になったことがない。しかしそれは、死刑にされた瞬間に目がさめて忘れてしまうからかもしれない。

　少年のころに読んだ通俗小説に、インドネシアか何かの独立の志士が植民地支配国の官憲に「無刑」という刑に処せられる話があった。「無刑」というのは無期懲役ではなく、その人間が生きているということを一切世間的に抹殺して、しかも生かして地下牢に閉じこめておくという刑である。私はその「無刑」という語感が非常に恐ろしく、しばらく一人で便所に行けなかった記憶があるのだが、夢の中の私はどうやらその「無刑」に処せられるらしいのである。そしてその永遠に開かぬ地下牢のとびらがしまったところでいつも夢がさめるのであるが、不思議なことにこうした夢の終わりの部分になると、やたらに現実の人物が登場してくるのである。それは家族であったり、映画のスタッフであったりする。すると夢の中の私の意識も、せっかくの大犯罪者から全く現実の自分にかえっていて、ああここで牢にはいってしまっては当分映画はつくれない、もしかすると永遠に映画はつくれないかもしれない、愛するだれかれとももはや会うことはできない、というはなはだ現実的な気持になってしまっていて、私はさめざめと泣くのである。

　こうした夢を見た寝ざめがこころよいはずはない。私はまったく暗たんたる気持でまだ明けやらぬ窓外の空をながめるのだが、そのような時、私はふと、今の自分はいつも夢の中で見る平和な仮面をかぶった市民生活の時期にいるのであって、実はそれ以前に大犯罪をおかした人間であるのではないか、という錯覚にとらわれてしまうのである。すでに、とりかえしのつかない大犯罪をおかしてしまっている人間、それが私ではないのか。

　私はなぜ、こうした幻想にとらわれるのだろう。映画監督として作品を重ねるごとに、こうした幻想がエスカレートしてきたことを考えれば、それは明らかに私の映画監督という職業と関係があるのだろう。私はかつて「映画をつくることは、犯罪行為である」と言った。映画をつくるに要する労力と経費に対して、その結果である収益の不確実性と期待不可能性は、この資本制社会においては、明らかに悪徳であり、犯罪的なのである。それを自覚しながら、なお映画をつくり、しかもそこへおのれの思いを塗りこめようとする者が、犯罪者でなくて何であろう。

しかも、その、おのれの思いとは、映画をつくる人間であるおのれの思いであると同時に、映画をつくる人間になる以前のおのれの思いをも含んだものである。その思いにおいて、私はすでにとりかえしのつかない大犯罪をおかした人間であるのかもしれない。その思いとは何か。それはやはり革命とかかわる。

革命　秘め隠した渇望

私は今、三十九歳だ。革命家ならば、死ぬべき年だ。フランツ・ファノン、チェ・ゲバラ、大杉栄、マルコムX、マーチン・ルーサー・キング、なぜか世界のすぐれた革命家たちは、三十六歳か、三十九歳で死んでいる。いや、殺されている。三十九歳は限度の年だ。しかし恐らくは今年私に死が訪れることはないだろう。訪れたとしてもそれは革命家としての死ではない。私は今、革命家ではなく、今までにだって革命家だったことはない。にもかかわらず、革命という二つの文字は、私の生の奥深い場所で、私を規定しつづけてきたような気がする。

私は、自分が革命家になれない人間だと自覚するところから、革命に近づいたのだと言っていい。六歳で父が死んだあと、数多くの本が残された。父は一介の水産学者にすぎなかったのに、なぜか残されたのは、おびただしい社会科学、文学関係の本だった。そしてその半ばは社会主義、共産主義にかかわるものだった。河上肇、大杉栄、堺利彦、こうした人たちの本や雑誌。古田大次郎の『死の懺悔《ざんげ》』や、浅原健三の『熔鉱炉の火は消えたり』、そして改造社の円本のなかの『プロレタリア文学集』。そうしたものを私は脈絡なく手当り次第に読んでいた。

それは戦争中だった。場所は私たち一家が、陽光輝く瀬戸内海の官舎から移り住んだ京都の薄暗い裏長屋の一室だった。私はそれらが国禁の書であることを知っており、そのことで暗い興奮を感じていたのだった。社会主義革命の理想は、私にとって否定しがたいものであった。そのために身を挺してたたかう闘士たち、互いに同志と呼びかわして明日は牢獄が、絞首台が待っている戦場へはせ帰ってゆく人びとの姿に心うたれないわけにはいかなかった。そうした人びとの上にくだされる狂暴な弾圧を怒って悲憤の涙をこぼすのであった。

と同時に、私は絶望せずにはいられなかった。私は勇ましいプロレタリア戦士にも、不屈の意思と理論を持つ革命家にもなれそうにもなかったからである。私はからだも弱かったし、気も弱かった。肉体と精神を極限にまで追いつめる弾圧になど、とても耐えられそうになかった。それに私は、絶望的な勇気をふるいおこして、『資本論』まで手にとってみたものの、まだやっと中学生になったばかりだったのである。

それでも戦争がつづいていたならば、私にとって革命は、ただ物語の中の話にすぎず、年若い兵士として戦場に死ぬのに、何のさまたげにもならなかったろう。戦争が終わったこと、それも敗戦という結果によって終わったことは、正に青天の霹靂《へきれき》だった。革命という言葉が白日のもとで語られ、革命戦士と称する人びとが現実に歩いたり叫んだりしはじめたのであった。私はそうしたものに近づこうとはしなかった。私は自分は革命の戦士にはなれないという心の枠のなかに閉じこもっていた。そして私は本を読む習慣をやめ、へたな野球に熱中した。

しかし革命は向うから近づいて来た。それは、青共とか学生自治会とかいう顔で私に向ってきた。極めて日常的な学生生活をめぐる現実的な問題については、彼らの提案はおおむね正しかった。私のなかのささやかな正義感と、本を読む習慣をやめてからやたらに行動的になりたかった気分とが、それとの共闘に向わせた。私はけっこう重宝な彼らのいわゆる非党員活動家であり、シンパサイザーであったと言えるだろう。しかし共闘しながら、私は彼らのあり方が私の信ずる革命とははるかに遠いことを感じつづけないわけにはいかなかった。だから私はいくら誘われても党にはいることはなかった。私はその党に革命ができるとは夢にも思わなかったから。

しかし、高校から大学にかけての長い長い猶予の季節を経て、学生という身分を失い、私が新しい身分＝職業を獲得しなければならなくなった時、そして自分がいかに世の中に適応しうるかを考えざるを得なくなった時、私は、決して革命家にはなれないと自覚しつづけて来た自分の方が、勇ましく革命を呼号して来た党員の友人のだれかれよりも、はるかに強く革命を渇望しており、そのことがどうしようもない重さで私の内心をしばり、私の行動を規定していることを知ったのだった。私はそのことを秘めかくして職業についた。しかし私の職業は内心を秘めかくすことのできないものであった。革命に対する私の心の濁りはそのまま作品にあらわれているだろう。

国家　黒い太陽のイメージ

「あなたの初期の映画には、ギラギラと輝く太陽があった。それが途中から日の丸の旗に変わったように思います。これはどういうことですか」と、イギリス人の批評家アイアン・キャメロンは私に聞いた。一九六九年の夏の終わり、ベネチアの浜辺で二日間にわたったインタビューの夕ぐれだった。私はとまどい、海の上に沈んでゆこうとする太陽をまぶしくみつめた。日本では発しられたことのない質問であった。

私は別に太陽を愛していたわけではない。「太陽の季節」と誇らかに言うような青春は私にはなかった。むしろ、川崎の単身者用（何という言葉であるか）公団住宅の五階三畳の部屋にひとりいてながめる夕日は、私にとって恐怖であった。夕日に照らされ家並みがマッチ箱の集落のように眼下にあった。その一つ一つの箱の中で人間の生が営まれているという事実が私を戦慄させた。窓から身を投出してその上に落ちてゆきたい、という誘惑がそのたびに私を襲うのだった。その誘惑に抗するために、大抵の夕ぐれ、私はふとんをかぶって眠っており、ネオンがまたたき始めるのを待って、巷にアルコールの安らぎを求めに出かけるのだった。

だから、私の太陽のイメージは、その烈日に照射されてしかもなお生きていかなければならない人間の置かれている苛酷な状況と、それを逆照射して生きようとする人間のそれでも烈烈たる意思を象徴していたといえる程度のものだったろう。しかしそれは、状況と主体のあり方をそのように熱っぽくとらえていた若い私の、世の中への最初のメッセージだったと言えるかも知れない。

それが、日の丸に変わったのはなぜだろう。もちろん、私は変えようと意思したわけではない。事実だけを言えばこうである。一九六七年の二月十一日、すなわち建国記念日がはじめて行なわれた日、紀元節が復活した日、私は一つの映画をつくっていた。紀元節復活反対のしょぼくれたデモがシナリオのなかに書かれていた。しかしそれを現場で撮影した時私たちのこしらえたデモ隊は、ほんもののデモ隊よりもりっぱだった。折りしも降りはじめた雪の中を、私たちは、黒い日の丸の旗をかかげて進んだ。それ以来、日の丸あるいは黒い日の丸は、私の映画のシンボル・イメージとなったのである。

日の丸、あるいは黒い日の丸によって、私が意味しようとしたものは何だったろうか。それはやはり国家、日本の復活だったという以外にない。それまで、国家という大わくの存在はもちろん知りながら、状況という言葉で、その大わくの中でなら主体的に変革可能な領域を設定して来たのだったが、一九六〇年以後の日本社会には国家という大わくそのものが顕在化して来たように、私には思われたのだった。太陽という生あるものに対して、旗は死んだものでしかない。しかし人間は死んだものを愛することもできるし、死んだものにとりまかれて生きることもできるのである。いや、今やそのようなものの中でしか生きられないのではないか、という思いが私をとらえはじめたのだ。これは時代の歩みであるとともに、私自身の主体性の衰弱、あるいは年齢の老いなのであろうか。

幸か不幸か、これに先立つ一九六四年と六五年に、私は韓国へ行き、南ベトナムへ行った。韓国では、世界、革命、社会主義というような大問題から、映画、小説、詩、女、酒などの小問題に至るまで激烈に語りあえる人びとにあい、ベトナムでは戦火の中でまったく日常的にいとなまれる人びととの生活にふれた。私はいかなる政治体制のなかでも、それが国家による政治である限り、最底辺の民衆の生活は変わらないのではないかという感想を抱いて帰ってきたのだった。一九六八年、私は小松川事件の犯人の少年工（在日朝鮮人）を材にした映画の中で、「国家が戦争や死刑によって人を殺すという絶対悪を合法化している限り、私たちはすべて無罪である」と叫んだ。いわゆる七〇年闘争の敗北後、学生たちの中に国外に再建の地を求めて行く動きが目立った。その中には私が見知った学生もいた。送別会にどうしても出てくれと言われて行ったこともあった。酒場で何度も口論をした相手だったから、行きがけの駄賃になぐられるぐらいは覚悟して行った。しかし彼は日本を出るということにひたすら心勇み、同時に少しく悲しく、それが彼を激させているようではあったが、礼を尽して私に別れを告げた。彼の心の中にある国家と私の国家とは相通ずるものがあるかどうか。今、私には知るすべもない。

死と愛と　自他の魂への祭司

私の長男は今七歳、この三月で一年生を終えた。その終業式の日が、私がひそかに決めた責任の期限であった。私はつまり、私の父が生きていてくれた分だけは、わが子のために生きねばならぬと決心していたのだ。私の父は私が六歳、小学校一年生の終業式の日に死んだのだった。

幼いころ、死は私にとって親しいものだったと言っていい。三歳の時に祖母が、六歳の時に父が、七歳の時に父の死後母子が身を寄せていた母方の祖父が死んだ。これで、母一人を除いて直系の父祖はすべて死に果てたのだった。余りにも続けて訪れた死の衝撃は、幼い私の心を武装させたようである。私は悲しみという感情を私の心の中に固く封印してしまった。私たちの家の玄関には、六歳の私の名前が表札としてかけられていたのである。

こうしたことは、私を一種奇妙な子供にしたはずである。私は悲しみだけでなく一切の私情をおさえ、公的な正邪にだけ反応しようとした。しかしそれはおかしなことであったにちがいない。私はたび重なる肉親の死によって、すでに大きく私的に侵されていたのだから。そしてその侵されかたが余り大きかったので、私はむしろ公的に侵されたと感じていたのである。だから私にとって我をとりまく世界はすでに最初から邪であったのである。しかし、そのことを言うのは私情のごとく感じられていやだった。私は無表情にこの世の中に対していたにちがいない。今、私の映画の少年たちが、しばしば無表情であるのはそのためである。

世界が最初から邪である以上、私は救われるために、邪でないことを証明してくれる人間を必要とした。それを愛と呼んでもよい。だから私は一般的に人間存在そのものを許すことはできず、私を愛してくれる人間あるいは逆に私が愛することのできる人間だけを許すことができたのだった。したがって私の愛はつねに熱愛だった。こうした私の愛のありかたは、私を傷つけ、また多くの人を傷つけたかもしれない。しかし、また多くの人と愛をとりかわすことによってのみ、私は今日まで生きてくることができたのかも知れない。

死が相次いだ少年の日に、生きてゆくということは何と空恐しいことだろうと、とてつもない重荷を背負わせられたと感じたのだが、それは今に至るまでひきつづいてきたような気がする。そしてその時にはまだ気づかなかったが、それは単に生きるということのつらさだけではなく、やはり世の中に組込まれて生きてゆくことの苦しみを含んでいたのだった。そしてそのことに気づいた時は、すでに世の中に組込まれ、結婚もし、家を構え、こどももできたあとだったのだ。

一九六六、七年ごろから、若者たちのいわゆるドロップアウト現象が日本でも目立って来た。その本家であるヒッピーのアメリカについては私は知らないが、モスクワやプラハでさえも、私はそうした若者たちに出会った。新宿のフーテンたちとは特に親密な関係を持った。いくつかそうしたことにかかわりのある映画もつくった。国家が日本人の生活の全面を管理しはじめる傾向が強くなるにつれて、こうしてドロップアウトする若者たちが出てくることは必然であると、私は彼らを賛美し、そして羨望を感じた。

しかし、私はドロップアウトすることは出来ない。家を捨て、妻子を捨てることは出来ない。そのことはすでに絶望的であった。子供が一年生を終えるまで、と切った期限は、それ以後を自由に生きようということだったが、もちろんそれも空しい願望にしかすぎなかった。

私はすでにまぎれもなく死の方向へむかって歩んでいる。人並みはずれて酒を飲むのも、一種緩慢な自殺を計っているのかもしれない。ドロップアウトできない私は、死によってしか解放されることはないのかもしれない。にもかかわらず私を生きさせているのは、多くの死者たちの記憶である。幼い時から死に親しんだ私は、青年の時代から今日まで数多く出会った人びとの死に、できるだけ無感動でありたいとつとめて来た。それなのに、死者たちの記憶はいつまでも私の心に生々しい。私は死者たちをのみ愛しているのであろうか。

恐らくは、生者との愛のやりとりが、あまりにも自他を傷つけるので、愛する者を死者として封じこめようとしているのだろう。私が映画をつくるのは、そうした生者と死者の魂をしずめるためである。同時に、おのれがいかなる人間であるかを発見してゆくことによって、おのれの魂をしずめる道を捜しているのである。生涯あと何本の映画がつくれるか。すでに日暮れ道遠い感はなきにしもあらずだが、私はともかくもこの自他の魂にとっての祭司の道をゆくのである。

歴史と悔恨――アンジェイ・ワイダ

ヨーロッパで日本映画にある程度以上の関心を持つ人は、誰でも、日本映画に時代劇と現代劇という区別があることを知っている。それは、映画雑誌や新聞の批評や紹介で *jidaigeki-gendaigeki* とイタリックで書かれる程ポピュラーな通念である。いつ頃、どういう経過でこういうことになったか私は知らない。そういうことが知らされていないことについて、私は過去において日本映画を海外に紹介した人びとの怠慢を責めることもできると同時に、その人たちの仕事が如何に孤立した辛いものであったかということについて注意を喚起することもできる。が、今はそれが主要なテーマではない。外国の映画においては、日本映画においての時代劇、現代劇というような区別は存在するのだろうか。もちろん日本映画にたいして外国映画という形で一括するのは粗雑なことであろう。対置するならば、厳密には一つ一つ国ごとに行なわなければならないだろう。しかし今便宜とある程度の根拠をもっていえば、この場合外国映画とはアメリカとロシアをふくめたヨーロッパ映画ということになる。その意味での外国映画には、日本映画における時代劇、現代劇の区別は存在するのであろうか。恐らくそれは存在しないのであろう。何故ならば、それが存在しないからこそ、日本映画を論ずる時、というよりは主として紹介する時、*jidaigeki-gendaigeki* という言葉が使われるのである。

もちろん今私は日本映画における時代劇、現代劇という区別を一応前提として承認しながらいい始めているのだが、外国映画に日本映画の時代劇にあたるものが全然ないとはいえないような気もするのである。今はアンジェイ・ワイダについて書く文章であるので近い例を引くのだが、最近漸く見ることのできたイエジー・カワレロヴィッチの『太陽の王子　ファラオ』などは時代劇のように思えるのである。つまり私には外国映画の場合、古代を舞台にした映画のほとんど全部、中世を舞台にした映画のなかばは時代劇に見えるのである。今私が慎重に古代を舞台にした映画の一部を除いたのは例えばピエロ・パオロ・パゾリーニの一連の作品を考えに入れるからであり、中世を舞台にとった映画のなかばを考えの外においたのは例えばジャンヌ・ダルクを描いたカール・ドライエルやロベール・ブレッソンの作品を思い描くからなのであるが、ヨーロッパの観客はそのあたりのところをどのように見ているのであろうか。もちろんそこには時代劇という受けとり方の枠がないことは承知しているが、それにしても何かそういった範疇《はんちゅう》による区分けがあるのであろうか。この辺が知らされていないことは明らかに日本における外国映画の紹介者の怠慢であると責めることもできるし、極東の貧しい島国で映画批評にたずさわる人間の背負わなければならなかった絶望的な困難の故であったと同情することも可能である。しかしもうそろそろ正確に事態が伝えられてもいいころではないか。

コスチューム・プレーという言葉があるのは私も知っている。例えばセシル・B・デミルの作品などはそう呼ばれたのであろう。ではフェリーニの『サテリコン』はどうか。昨年のベネチア映画祭でこれを観たあと「何だ、デミルではないか」といった私に対して、「デミルならもっと楽しませてくれた！」と吐き出すようにいったのはヴァラエティ誌のジーン・モスコヴィッチであったが、たとえばこの『サテリコン』をコスチューム・プレーと呼んでいいかどうか。あるいは時代劇といっていいかどうか。ヨーロッパの観客はそんなにいちいち映画をジャンル分けしたりしないなどとはいわせない。ジャンルは厳として存在する。例えばガイド・ブックの映画案内はきちんとジャンル分けして紹介されていた。ゴダール作品はしばしばコメディの部分に入っていた。しかし時代劇、現代劇という区別は少なくとも紙の上では発見することはできなかった。

私は今何にこだわって時代劇、現代劇をうんぬんしているのか。例えば最近のヤクザ映画は時代劇なのか現代劇なのか。ヨーロッパへ行って、日本映画といえば何でもかんでもどちらかに分けてしまいたい批評家に聞かれたらどうするか。私は時代劇の方に入れるだろう。このところ毎年夏になると義理固いお化けのように出てくる戦争映画、というより戦中映画はどうだろう。私はこれも時代劇のように見えてならないのだ。そうすると、私にとって現代劇とは戦後の日本を舞台にした映画しかなくなってしまうのである。これは私の考え、私の感覚が異常なのだろうか。私は必ずしもそうは思わない。日本映画に関してはこの考えに賛成する人はあると思う。

さて問題はヨーロッパである。ヨーロッパのある国の観客がその国の映画を見てそのように考えるだろうか。私はそこが知りたいのである。

私はここでようやくアンジェイ・ワイダに到着する。私たち日本人は余りにもワイダの作品に接する機会が少ない。普通の日本人が観ることのできた作品は『地下水道』(56)『灰とダイヤモンド』(58)『夜の終りに』(60)『二十歳の恋・ワルシャワ篇』(62)の四本である。紹介のされ方も不十分である。佐藤忠男がポーランドへ行って『世代』(54)『ロトナ』(59)『灰』(64)『すべて売りもの』(68)についてささやかに説明しているぐらいである。私たちはこの本のアドラン・トリノンの評論によってはじめて『サムソン』(61)『シベリアのマクベス夫人』(61)の内容を知るのである。残りの『楽園の門』(62)『ロリイポリー』(68)『ハエ取り紙』(69)『戦いのあとの風景』（70）については今私は内容すら知ることができない。しかし一応内容が判明している十本についてみても圧倒的に過去を素材にしていることが多いのに気付く。一九三九年から一九四五年までの第二次世界大戦中に素材を求めているのが五本であり、『灰』と『シベリアのマクベス夫人』は更に遠い過去の物語である。まったくの現代を扱った作品は『夜の終りに』『二十歳の恋』『すべて売りもの』の三本しかない。私の日本映画についての考えからすれば、ワイダは時代劇作家なのである。もちろんこれは冗談であって、ヨーロッパにおけるワイダを見る見方はもちろん違う。トリノンは、ワイダが『シベリアのマクベス夫人』を撮った時はじめて、ワイダが現代の問題を放棄し過去に向ったといっている。恐らくこの感覚が正常なのであろう。私も実は同じように考えている。もっとも私は一九三九年のドイツ軍のポーランド侵入の時代を扱った『ロトナ』はやはりその意味で過去の方に入るのではないかと思われるが、見ていないのでなんともいえない。

　さんざん長い前置きの理屈めいたものをこねて来たが、私が問いたいのは、ワイダの戦争の時代を扱った映画は何故現代劇として私に見えたかということである。もちろん厳然として時間の問題は存在する。『世代』『地下水道』および『灰とダイヤモンド』といういわゆるワイダの三部作が製作、発表された一九五四年から五八年という時期は、戦争というものがまだ人びとの心の中にアクチュアルな問題として存在したであろうことは推測できる。いうまでもなくワイダにもそれは非常に生き生きとした内的なテーマとして存在したであろう。戦争中に十三歳から十九歳だったワイダは後年問いに答えて語っている。

佐藤忠男「……あなた自身の戦争中の個人的な経験と関係がありますか」

ワイダ「……私にはある種のコンプレックスがあります。……占領中には地下組織に関係したけれども、強制収容所にも連れてゆかれず、ちょうどクラコフに行っていたのでワルシャワ蜂起にも参加しなかった。あの時代のいろんなことは私を素通りしていったといっていい。私は、私の経歴の中の欠けた部分を自分の作品で埋めているのです」

ボレスワフ・ミハウェック「あなたはどんな戦争体験をされましたか。戦争中、あなたはどこにいましたか」

ワイダ「……私は抵抗運動にほとんど加わりませんでした。わたしの経験は、そのためわずかなものでした。たぶん、そのために、私は映画のなかで、その埋め合せをしようとしたのかも知れません」

映画監督のいう言葉を一〇〇％信ずるわけにはいかない。別の相手に同じことをいっているからといって、それが真実だとは限らない。ただ二人の相手に同じことをいっていることによってこれだけははっきりする。それは、ワイダがこの質問に関してはこういうふうに答えることに決めているということだ。これだけは真実である。さて次は中身だ。一つは、彼が抵抗運動あるいは地下組織にわずかに加わった、あるいはほとんど加わらなかったということだ。この場合、わずかにあるいはほとんどということは全然加わらなかったということも出来る筈だ。ところがそうしないのは、やはり彼が加わっていたかったからだろう。かんぐれば加わっていなかったんじゃないか、ということも出来る。もう一つは、作品で埋め合せをしているという言葉だ。言葉は美しいが作品で行動の埋め合せができるか。このあたりインタビューアーは突っこみが足りない。明らかにこれは本人だって埋め合せられないと思っているにちがいない。埋め合せすることはできないと彼自身が知っている行動あるいは無行動、これは創作のモチーフになりうる。

しかし、こうしたモチーフだけで作品はできるだろうか。文学においてはあるいは可能かもしれない。しかし映画においては不可能だ。少なくとも、このモチーフだけで傑作をつくることは絶対に不可能だ。埋め合せすることのできない過去、ということはおのれと歴史とのかかわり方における悔恨である。この悔恨の痛烈さにおいてワイダは第一級の人間である。普通の人間は歴史とのかかわり方においてせいぜい被害者的な悔恨しか持ちえないであろう。ポーランドという国は、世界のうちで歴史とのかかわりにおいてもっとも痛切な悔恨を持つ国であると私は信ずるが、それでも、というよりはそれだからこそ人びとは被害者的な悔恨しか普通は持ちえないのではないだろうか。そういう時、ワイダの抵抗運動や地下組織で何もしなかったという歴史とのかかわり方は逆に強味と化す素地を持っていたのである。とはいうものの、最初はそれはたんなる悔恨、被害者的な悔恨ですらない悔恨にすぎなかった筈である。恐らくウッジの映画大学に学んでいた頃、ワイダは戦争中のおのれの体験を語るような場面に来ると、すっと席をはずしたのではないか。少なくとも、「ほとんど加わらなかった」とほがらかにいうことはなかったであろう。

そのような歴史とのかかわりにおける悔恨を、『地下水道』や『灰とダイヤモンド』でまさに主体的な悔恨として打ち出すまでには、何があったのだろうか。それはやはり、一九五六年のボズナンに至る非スターリン化、民主化の動きではなかったろうか。そうした非スターリン化、民主化の動きのなかで、ワイダは今度は主体的に行動したのではないだろうか。

この辺の事情については私たちは何も知らない。書かれたものもないし、語られたものを読むこともない。トリノンの評論でも触れられていないし、いろんなインタビューも何も聞いていない。佐藤忠男ですら追求していない。敬愛する佐藤忠男を擁護するためにいうのではないが、何となくそのあたりを話題にしにくい雰囲気もポーランド映画界にはあるのである。私自身、数日のポーランド滞在でそれを感じた。したがって、この非スターリン化、民主化が、もちろんそれこそ地下の水流のように進行した間、ワイダが何をしたかはわからない。しかしまちがいなく推測できることは、その間ウッジの映画大学および映画界は疑いもなく民主化の砦の一つであったろうということである。一九五四年、エキップと称する創作集団が幾つかつくられて、映画の製作をそれまでの国家の直接管理とちがう形でやることにしたなどは、民主化が他の部分よりははるかに進んでいたことを示すものである。ワイダがそのなかでどういう役割を果したか、ことに政治的にどういう役割を果したかはもちろん判らない。しかしその一九五四年に、監督をはじめスタッフから俳優の何人かに至るまで全部新人で「従来のものとことなる原則をもとにしたまったく新しい映画（ワイダ）」をつくった「映画を彼らの主張の宣言書にしようとした一群の人びと（ワイダ）」のリーダーであったワイダが、主体的にある役割を果していたであろうことはまちがいない筈である。

もっとも、このなかでワイダがはっきりと非スターリン的、あるいは進めていえば反スターリン主義的な政治思考を持っていたと考えるならば、それは行きすぎであろう。むしろ彼は『世代』から『地下水道』へ、『地下水道』から『灰とダイヤモンド』へとみずからの作品を模索するなかで、おのれの反スターリン主義的立場を自覚したのではないだろうか。大胆に推測すれば、恐らく『地下水道』をつくりあげ、『灰とダイヤモンド』をつくりはじめるあたりに一つの政治的思考の到達点があったのではないだろうか。そして、ワイダがそのような立場に立った時、ポーランドの非スターリン化、民主化は逆流をはじめたのであった。『灰とダイヤモンド』が、ちょうどマチェックが撃ったシュチュカを抱き止める背後に咲く花火のように美しく悲しいのは、それがその逆流を身をもって受けとめていたワイダの胸にきらめくものであったからだろう。

つまりワイダは、一九四五年におけるおのれと歴史とのかかわりの空白のなかに、一九五六年のおのれと歴史のかかわりのすべてをぶちこんで『地下水道』と『灰とダイヤモンド』をつくりあげたのだ。『世代』はそのための心はずむ習作であり、『ロトナ』はその悲しい副産物なのであろう。それ故にこそあとの二本もふくめて、これらは完全なる現代劇なのである。永遠に現代劇なのである。毎年お盆に化けて出る日本の戦中映画とちがうのである。しかしここで注意しておきたい。これは、時代劇をつくって、しかしここには現代の問題がありますなどというどこかの国の映画監督たちとは絶対にちがう作業なのだ。とりあげる素材としての過去のなかにもおのれと歴史のかかわりがあり、それと現在のおのれと歴史のかかわりが往還運動をくりかえして、ワイダの作品はでき上がったのだ。このようなプロセスを経ないでつくられる過去を素材にした作品は、作者が如何に強弁しようとも、それはただの衣裳にしかすぎない。

アンジェイ・ワイダ監督『灰とダイヤモンド』
（写真提供　川喜多記念映画文化財団）

それこそコスチューム・プレーである。

コスチュームで思い出した。トリノンは、プラズウスキーが『カイエ・デュ・シネマ』に書いた文章を引用している。「ワイダは、故意に、チブルスキーに流行の幅の狭い長ズボンをはかせた。彼は、何度も、その主張には二重の面があること、すなわち、登場人物たちは、酒場の椅子に腰かけていても、一杯のアルコールよりも、マキ（抗独派）の水筒の水の方が好きだが、しかし、一九五八年型のうすい色の眼鏡をかけていることを強調する。」トリノンは引用こそしているが意味は判っていない。結果としてしか受け取れないのである。一九四五年の反革命抵抗運動者（何という言葉の矛盾！）が一九五八年型のサングラスと細ズボンを身につけていることこそは、結果ではなく方法なのであり、そこにワイダのすべてがかかっていたのである。

佐藤忠男の「ポーランド映画は、ポーランド派のめざましい活躍のあと、あまりふるわないように見えるが」という質問に答えて、カワレロヴィッチは「いい映画ができるのを助ける時期もあるが、危機におちいる時期もある」といっている。奇妙な言葉だが、実は私も同じ質問をし、同じ言葉を聞かされた。ワイダにとっては、一九五八年以後のポーランドは、「いい映画ができるのを助ける時期」ではないのであろう。私はその後、幸か不幸か『二十歳の恋』しか見ていない。これは逆に現在のなかに過去が入って来てすぐれた作品になっていた。それ以外に見ていないので何ともいえないが、フィルモグラフィを見ているとワイダの苦渋がひしひしと伝わってくる。

現在である現代をとりあげれば、一九五六年当時程歴史とのかかわりにおいて主体的になれない限界がともなうだろうし、戦争中を取りあげてももはやそれは遠く恐らく『サムソン』が冷たいと評されたことが当っているであろう。遠い過去を素材にして傑作をつくる新しい方法は恐らくまだ発見されていないだろう。そのように考えるとワイダの抱える内と外との困難がフィルモグラフィの行間から眼に見えるようだ。

「もし、私が、自分の作品のプロデューサーであり、経済的に独立できたなら、私は、第二の『世代』や『地下水道』をつくったでしょう」。「ル・モンド」の一九六三年一月四日号でイヴォンヌ・バビーに答えたこの言葉は悲しい。私たちは厭でも社会主義体制のなかの芸術家の運命というようなところまで思い至ってしまう。しかし作家は「第二の××」なんかをつくってはいけない。私はこの言葉も額面通り信じない。むしろワイダのフィルモグラフィは絶望的な苦渋をたたえながら後へ戻っていない。私はズビグニエフ・チブルスキーが死んだところから物語が始まるという『すべて売りもの』を早く見たいのである。一九六八年のベルガモ国際映画祭は出品作の全般的な〈凡庸さ〉ゆえにといって賞金付のグランプリを出さなかった。それに対して烈しい非難の声が諸方から上がったが、なかでもマルセル・マルタンは『シネマ'68』において、「この審査委員会こそ、〈凡庸〉賞でも受賞すればよかったのだ。なぜならコンクール作品にくつわを並べていたのは『ゴーロワーズブルー』（ミッシェル・クルノー監督）やロバート・クレーマーの『ジ・エッジ』ばかりでもなく、さらに『祭の招待客』（ヤン・ニェメッチェ監督）や『ひとりの女ともう一人の女』を言外におくとして、第一級の未公開作が二本、ワイダの『すべて売りもの』と日本の大島渚の『絞死刑』があったからである。凡庸とは何ごとか！」と叫んでくれたのであった。こうした因縁もあって多少の感情移入もある上に、この『すべて売りもの』以後、ワイダは『ロリイポリー』（68）『ハエ取り紙』（69）『戦いのあとの風景』（70）というように今までにないハイペースで作品をつくり続けている。そこには必ずや何かがあると期待せざるを得ないのだ。チブルスキーの死は、ワイダのなかに何か熱いものを燃えたたせたのかも知れない。歴史とおのれのかかわりについて、かつて余りにも早く余りにもブリリアントに発見してしまった一つの方法を、一旦否定することと、もう一度包みこんで行くことの二つの作業をワイダは続けている筈である。「ポーランドでは、芸術家にたいして、他国にないいろいろな要求がなされます」とワイダはいう。それは時に栄光であり、時に重荷であろう。ほうはいたる第三世界の民族解放闘争からも、傷ついても傷ついても新たな突出を復活させて前進する資本主義国家の新左翼革命運動からも、はるかに隔離されたワイダの場所においては、そしてそこにもし例えば一九五六年の非スターリン化、民主化のような形でワイダが結びつくべき運動がないならば、取りあえずハイペースでつくり続けることには巨大な意味があるのだ。そこから、ポーランド国民の、ましてやポーランド国家の要求をはるかに越えて、全世界の民衆のために「勝利をつげる暁のごとく、輝くダイヤモンド」は必ず生まれるにちがいないのだ。

幻の党派の友よ——斎藤龍鳳追悼

十年という歳月は、短く、そして長い。斎藤龍鳳の映画批評について、ということで、原稿を頼まれたおかげで、私はこの十年間の映画雑誌をひっくりかえさざるをえない羽目におちいった。必ずしも、幸せなことばかりではなかった私自身の過去とも、私はいやおうなしに対面せざるをえなかったのである。まったくこれは災難というべきであろう。にもかかわらず私がこの労苦を敢えてしたのは、多くの人が知り今や一つの伝説となってしまった、斎藤龍鳳が初期の私のためにとってくれた一種映画ジャーナリズムへの紹介の労というべきものに報いるため以外にはない。しかし、このように映画雑誌をひっくりかえし、その頁をめくっていると、映画批評というものが持つある種の空しさを感じないわけにはいかない。今、私は斎藤龍鳳の全ての文章に接したいのだが、そうはいかない。私の前にあるのは、三一書房から出た二冊の評論集と『映画芸術』をはじめとする映画雑誌、『現代の眼』や『話の特集』などのかなり不揃いのバックナンバーであり、そのほかに確かに龍鳳が書いていた『アサヒ芸能』や『タウン』や『日本読書新聞』についてはほとんど手持ちがなく、ましてや、大学新聞や日刊誌の文章、殊に匿名で書かれたそれについては追跡のしようがない。やむなく、私は、手持ちの資料と、編集部から貸し与えられた恐らく第一評論集を編集するための基礎になったであろう初期のスクラップブックだけを頼りに、この文章を書かざるをえない。そして、あらためて驚いたのだが、龍鳳は『映画芸術』と併立している『映画評論』には、ほとんど文章を書いていない。『キネマ旬報』と『シナリオ』はひっくりかえす余裕がなかったが、恐らく同様であろう。これらのことを、私はこの文章を読む人びとと、龍鳳自身に最初に断っておきたいのである。そして同時に、その理由については後述するのであるが、手持ちの資料が不備であることについては、私自身の責任でもあるが、同時に龍鳳の責めに帰すべき部分もあったということもまた、かくさずに言っておきたいのである。

　すでに内外タイムスの映画記者として新聞映画批評の筆を執《と》って来た斎藤龍鳳が、それ以外の場所で本格的に映画批評を書き始めたのは、一九六三年の『映画芸術』においてである。それ以前に、一、二の作品批評も掲載されているようだが、その域を超えて龍鳳の批評が一種自立したものとして成立し始めたのは、その五月号の「悪党論——村井長庵その悪業の栄え」からである。この号には、編集部員の連名の中に小川徹の名があらわれている。私の手持ちで言えば、二月号には龍鳳の作品批評はあるが、小川の名前はまだない。したがって、龍鳳が勤め先の新聞以外で本格的に映画批評に取り組み始めたのは、編集者としての小川徹の存在を抜きにしては考えられない。またそれ以後も切り離しては考えられないほど密接な関係が二人の間には続いたと言えるのだろうと思う。もちろん今や小川徹を論じる場所ではないので、この問題に深入りは避けるが、この事実は龍鳳の映画批評を考える時に常に念頭に置かなければならない最大のポイントだと私は考えるのである。

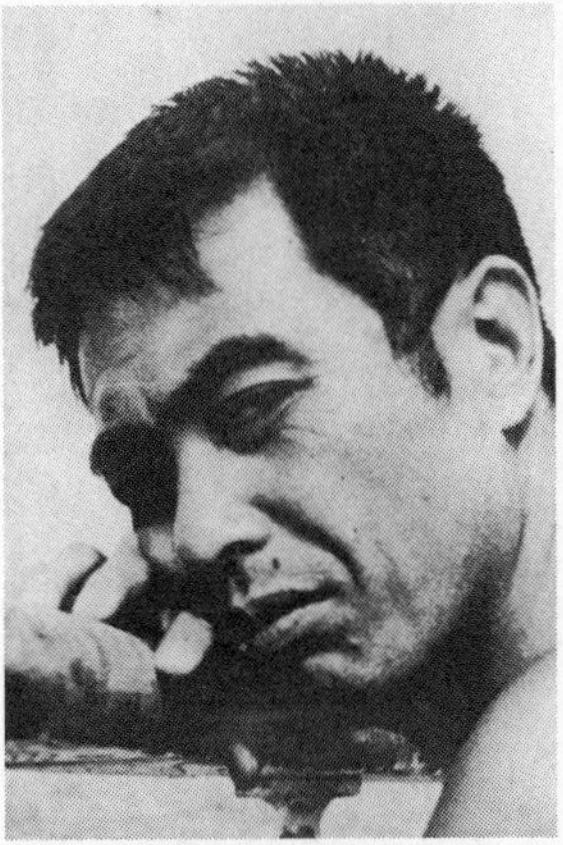

伝説の映画評論家・斎藤龍鳳

さて、龍鳳は、一旦『映画芸術』に映画批評の筆を執りはじめるや否や怒濤のような勢いで進撃を続ける。それからほぼ二年近く、一九六五年のはじめに内外タイムスを辞めるまでの間、ほとんど毎号出ずっぱりで論陣をはるのである。それは正に颯爽《さっそう》としていたといえるし、また『映画芸術』にとってもたのもしい限りであったろう。そしてこの間に、龍鳳の批評の重要な対象と主題はほぼ出尽す。それを今、かなり大ざっぱに整理すると次のようになる。

１　映画一般論＝民衆あるいは革命の側から見た映画論。これは映画界情勢論でもあり、時として映画企業論であったりもした。龍鳳自身は民衆というより大衆という言葉を多く使っていたようだが、いずれにしても、民衆のため、革命のため（あるいは反革命と戦うため）という観点からの現状批判、告発であった。第一評論集『遊撃の思想』所載の文章から例をあげると次のようになる。（「映画は大衆のものであるか」「『白日夢』批判を批判する」「退却段階の日本映画＝64年の総括」「地獄から天国へのターン＝黒澤明という男」等）

２　今村昌平論。龍鳳は二つの側面から今村作品に近づいたのではないかと思われる。一つは、今村の描く人間がつねに、龍鳳の信ずるいわゆる大衆らしい大衆、殊に龍鳳の中に根強く存在した民科風歴史主義で位置づけられた大衆であったこと。二つは、それを超える今村の個性的表現の生活感覚（性感覚をふくむ）が戦後焼跡闇市派である龍鳳のそれに近かったことである。（「欲望の組織者＝今村昌平という男」「基層社会の性＝『にっぽん昆虫記』のテーマ」）

３　戦争映画論。龍鳳は戦争映画をほとんどの場合おのれの戦争＝予科練体験とダブらせて論じた。（「ボクの軍隊論＝『陸軍残虐物語』」「わが海軍時代と『出撃』」）

4　時代劇論、ヤクザ映画論。反社会的主人公の活躍する大衆映画もまた、龍鳳の好んでとりあげる対象であった。初期においては龍鳳は、そうした時代劇やヤクザ映画を愛好すると共に、その主人公たちを歴史的に位置づけ、また映画自身をも状況のなかに位置づけることを知っていた。

こうしてみると、斎藤龍鳳がいかに小川徹編集の『映画芸術』のスター批評家であったかわかる。革命、性、戦争、ヤクザと、この雑誌好みのテーマのすべてについて、龍鳳は行くところ可ならざることなき論客であったのだから。しかも、龍鳳の強いところは、そのすべてを、大衆の立場という地点からくって発言したところであった。ところが、逆に言えばそれが一番弱いところでもあった。龍鳳は、大衆とおのれを対立させて考えたことが一度もなかったのである。そして、実にもう一つ、強味であり、弱点であることがあった。それは、龍鳳が、革命、性、戦争、ヤクザなどのテーマに、それぞれ文字通り身をはっていたことである。体験と切りはなして龍鳳の文章はなかった。だから、青春がすぎ新しい体験が少なくなって行くにつれて……。

斎藤龍鳳は一九六五年の一月に、十年近く勤めた内外タイムスを辞めた。その年の秋に出版された『遊撃の思想』のあとがきで「新聞労働者から映画評論家へ——。恥多い商売ですけど、もうしばらくは続けるつもりです。それほど学問がなくても営業可能な、それは数少い職業なので……」と龍鳳は書いている。龍鳳はなぜ新聞記者という一応身分保証された職業を放棄し、映画評論家という不安定な、職業として自立するかどうかもわからない職業につこうとしたのか。「私はもう一度だけ、その日常性を破壊し、己れに鍛錬の機会を課することに決めた」（「優雅な生活への訣別」『日本読書新聞』一九六五年二月一日）という言葉の裏に、それこそ複雑極まりない公私の事情が存在したのであろうが、それを詮索するのは今は私の仕事ではない。また「辞めようと思うが、どうだろう」という龍鳳の問いに、「辞めないほうがいい、如何なる場合も、答えとしては辞めない方がいいという答えしかない」と返事した私自身の言葉の素っ気なさを悔いる気持もない。ともあれ、龍鳳は勇奮して内外タイムスを辞めた。しかし、如何に勇奮しようとも、一つの場を去るということは、外的状況だけがそうさせるのではなく、そうせざるをえない自分内部の矛盾がそれを必然化させるのである。俗な言葉で言えば、好調であるが故にというよりは、不調あるいは不調の予感が人を一つの場から去らせるのであると言ってもよい。この言葉があてはまるかどうか、勤めを辞めてからの龍鳳の執筆量は全体としては増えたのであろうが、主舞台である『映画芸術』への登場は、その回数においても分量においても急激に減ってしまったのである。これは如何なることであったのであろうか。殊に、分量が大抵の場合一頁半かせいぜい二頁位というように極端に少ないことが気になる。まさか、小川徹が少ない分量しか与えなかったわけではあるまい。とすれば、それはもはや衰弱以外の何ものでもなかったといわねばならない。映画評論家としての斎藤龍鳳は一九六三年からせいぜい六五年いっぱいで意味を失い、そのあとは、一種の政治活動家的雑文書き、あるいは雑文書きを内職とする政治活動家が残っただけだと、考えなければならないのだろうか。一九六九年の四月に出版された龍鳳の第二評論集『武闘派宣言』には、全体の五項目のうち一項目しか映画に当てられていないし、わずか六篇の文章しか収録されていない。しかもそのうち四篇は『新日本文学』所載のものであり、『映画芸術』の論文は一九六五年十月の「ヤボな任侠やくざ路線と前衛」一篇だけである。この日付以後の文章はことごとく無視されている。そして、あとがきには「〝映画評論家〟といういわば虚業から、営業不可能な存在に、私を転換させねばならないと考えています」と記されている。やはり、龍鳳は、一九六五年初め内外タイムスを辞めた時点で映画批評よりも、政治的実践活動に自らの行動の重点を置くべく決意していたのであろう。そしてこのことは、自らの映画批評の行き詰りの自覚をも、たとえ無意識的であっても持っていたが故であろう！　とは推察に難くない。

私は今、斎藤龍鳳の政治的活動については論評する気持はない。しかし、六四年の一月号に、「映画祭、中ソ論争」と題して、長文のソ連映画祭、中国映画祭のルポを書き、最後に、中国に甘い採点をして、その理由として、「両社会主義国映画祭に関するボクの批評は、終始、ボクが最も軽べつする印象批評の態度でのぞんだからだ。（こんなことは三年にいっぺん、あるかないかのことだ！）更に追及をうけるなら、現在ボクは、かつてないほど強く中国の総路線を支持しているからとひらき直るつもりだ」と言っているあたりが、むしろ人間としての斎藤龍鳳の本音だったろうという気はするのである。つまり、映画批評も、もっと政治的に、やりたかった！　だから、翌月号の文章の〈追記〉で、「『映画界、中ソ論争』あまり良くなかったとザンゲの思いにかられています。『オー・ノー』という気持です。ただ中国が好きで、ソビエトがきらいで、代々木があまり好きでなく、構改がもっときらいで、武井昭夫氏のエッセイの大ファンだが、このごろの新日本文学はあまりイイ感じではない――と思っているような、だがなるだけ誰ともウマクやって行きたいと思っているような、奴が一人ぐらいいても、世の中はにぎやかなんではないかと思います。でも、そんなことで甘えちゃあ、いけませんね、やっぱり」と言いわけあるいは自己批判しているのを見たりすると、きっと誰かに文句を言われたにちがいないと想像したりして（私も言った一人だが）職業として「映画批評」を書くことが、そして具体的には『映画芸術』にふさわしいかたちで映画批評を書くことが、つくづく重荷であったらしいことが一種痛ましく推察されるのである。

このように考えると、斎藤龍鳳の政治的活動については触れないのと同時に、『遊撃の思想』一巻におさめられた文章以外の映画批評についても触れない方が礼儀にかなうと考えられるのだが、一つだけやむなく触れなければならない。それは、ことが私に関しているので、触れないこともまた礼儀を失するのである。

龍鳳が、私の第一回作品『愛と希望の街』を熱烈に支持したことは多くの人に知られている。「(一九六〇年)七草が明けてすぐ、ブルーリボン賞の銓衡《せんこう》会議がありました。私は大島渚の『愛と希望の街』を推しました。作品賞で落ちると監督賞で、監督賞でだめになると新人賞、特別賞で、と各部門で狂ったように大島渚と連呼しました。中高年層の記者会のボスはほとんど、この映画を見ておらず『大島渚って女優か？』とか『聞いたことない名だな』とか、変に私は孤立し、からまれたように記憶しています。とうとう最後の特別賞にまで私が大島渚を持ち出した時、過半数の記者らは私のことを気違いを眺めるような目で見ました。私の所属した内外タイムスの票と、まん前にすわった共同通信の一部、斎藤正治君などの同情票が加わり、なんとか活字に出来るような数字にこぎつけた時、私は、はじめて映画記者らしいことをしたような気がしました。小川徹氏も当時は、時事通信社の記者でボス交渦巻く中で善戦していました。……」(『映画芸術』一九六五年八月号)というような調子で龍鳳は語り、私もまたそれに対する感謝の意を機会あるごとに表明するのを怠らなかった。

だから、私が映画をつくれない三年間を経て一九六五年に『悦楽』を撮り、龍鳳が

『映画芸術』（十一月号）誌上で「〝鳩〟になった大島渚」と烈しく論難したとき、それが一種の衝撃あるいはスキャンダルだったのは当然である。しかし、それはそれだけのことで、わずか一頁少々のその文章は、内容的にはまったく空疎なものでしかなかった。龍鳳はこの映画について何一つわからなかったのである。「私は権力のないものに悦楽はないと断ぜざるを得ない」と龍鳳はりきむのだが、そのことこそ私が表現したことなのである。『愛と希望の街』に愛も希望もなかったように『悦楽』に悦楽はなかったのである。龍鳳にはそれがわからなかった。何故か。それは龍鳳には自分は『愛と希望の街』はわかっているのだという思い上りがあったからである。龍鳳は『愛と希望の街』をすらわかっていなかったのかもしれない。「〝鳩〟になってしまった大島渚」と龍鳳はいう。一体、鳩とは何なのだ。龍鳳はそれを「平和の使徒」としか言っていない。何という陳腐な象徴であることか。ちがう。『愛と希望の街』の鳩はそんなチャチなものではなかった。もっと具体的なものだった。鳩は貧しい少年の生活の手段であり、それゆえに少年と金持をつなぐ偽りのきずなになるのである。だから鳩を撃つということは偽りのきずなを断つことであると同時に、ブルジョワジーによってプロレタリアートの生活の手段が破壊されることを意味していたのである。「〝鳩〟になった大島渚」と言って見ても、肝心の鳩の意味が龍鳳にわかっていないのでは、それは何の意味もなさないのである。

このように考えると、龍鳳がこの小文以外に私についての批評をほとんど書かなかったことがはじめて明確な意味を持つ。龍鳳は、『愛と希望の街』の批評すら書いていないのだ。龍鳳はただ大島渚支持のキャンペーンをしたにすぎない。そして五年後に大島渚否定のキャンペーンをしたにすぎない。

しかし私には「〝鳩〟になった大島渚」という一文で、龍鳳が言いたかったことはわかる。龍鳳は、私にもっと告発的な映画をつくれ、そのことによって日本映画全体のあるいは日本全体の告発者でありつづけよ、と言いたかったのだ。その証拠に、その翌年の『映画評論』のベストテンに龍鳳は『ユンボギの日記』を入れ、「それは正に告発であった」と言っている。私は断固として自分はそれ以後も、日本全体にとっても日本映画全体にとっても告発者的存在であり続けたと思っているが、それは龍鳳の考えるようないわゆる告発的映画をつくりつづけることによってではなかった。私は別の形で告発的な映画をつくりつづけたのだが、それはもはや龍鳳の理解を絶していたのだ。

しかし、それだけならまだ幸福だったろう。龍鳳がこの文章で「『青春残酷物語』で誰もがリンゴ嚙《かじ》りに感激していた時、私は鳩を殺した男の戦術だと考え、処女作から第二作目までの大きな落差を埋めることをためらった。『太陽の墓場』においても『日本の夜と霧』製作を当然予測した上で、これと一日共闘し、戦術的にはむしろ高く評価した」というふうに極めて戦術的な形でしか私の作品とかかわって来なかったことを告白した時、あるいは偽装告白してみせた時、それは無残という以外になかった。龍鳳がこのような文章を書いたことには、公私にわたってさまざまな背景が存在したにはちがいないのだが、ともかく龍鳳が、かつて大島渚の盟友で今は批判者という形で、批判というよりはむしろキャンペーン的に私を攻撃することによって映画ジャーナリズムの上に一定の位置を獲得するという悪しき習慣のいわば第一号のサンプルとなってしまったことには、私は今もなお怒りというよりは満腔の無念さを抑えることができないでいる。

その後、私は斎藤龍鳳が私の作品について書いたものを読んでいない。『映画芸術』にはしばらく書かなかったし、『新日本文学』に書いた時は私が新日本文学会に対する批判を『映画芸術』誌上で公けにして、もうその雑誌を読まなくなったあとだった。『映画芸術』の六九年三月号には『新宿泥棒日記』の批評が載っていたそうだが、その頃は『映画芸術』が私の手元には贈られてこない時代だった。『新日本文学』に書いた文章の若干については今度『武闘派宣言』で初めて読むことができた。しかし、それらは松田政男によって「狙撃兵・斎藤龍鳳は何処へ行ったか」「批評戦線の頽廃と回生」の二論文（『薔薇と無名者』所収）で内容的にも執筆の主体的態度についても完全に批判されつくしている。もっとも松田政男が、「龍鳳の武井昭夫＝『新日本文学』支持と女子学生を相手にして『ボクは毛沢東が好きなんです』（『現代の眼』一九六八年十二月号）とヤニ下がるその瞬間と（が）、いかにして平和に共存しあえているのか」などというのは余りにも原則的でありすぎ、また龍鳳に対してあまりにも買いかぶりというものである。龍鳳の政治的党派性は、前述の言いわけの文章程度のものなのだ。それでさえ私は好きであったけれども。それにしても、もはやこのような、龍鳳が映画批評を自らの主たる任務と考えていなかった時代の文章からは一刻も早く遠去かろう。

さて、『映画芸術』において若干のトラブルが起こり、出版元が変わり雑誌はそれまでと同じく小川徹編集長で復刊された第一号（一九七〇年八月号）が、久しぶりに私にも贈られてきて、私も久しぶりに斎藤龍鳳の文章を読んだ。

「さして勤勉でもない私の、今の願いはせめて静かに暮したいということである。

それには発言しないこと、表現したりしないことが必要だ。

にもかかわらず再建『映画芸術』に何かを書く。これはもう新装開店のパチンコ屋に花輪を贈る意味と大差のないことだろうと思う。

たまたま店主、小川徹が、ほとんどつきあいを断ってしまった友人のなかでわずか残った旧友だからに過ぎない。

……日韓闘争を階級決戦だと早とちりした私は職場から街頭へ飛び出した。

……いつの間にか世の中は70年代とやらに入ってしまったが、私は相変わらず70年決戦説にしがみついたので此処でまたナキをみた。

……70年代の幕明けとやらは、とりわけ無残なものだった。私は精神病院の中で一九七〇年の元旦を迎えたのだから……。

……予想通り、今年の六・一四はガキをあやしながらテレビですませてしまった。

　せめて東映だけは、性こりもなくやくざ映画を撮り続けるがいい。

パターンをパターンと認めた上で、私も退屈しのぎ、うさ晴しに、これからも東映やくざ映画を見続けるだろう。男の意地にかけてもだ。

……高倉健になれなかったヤク年の男は自分の一人娘が、せめて緋牡丹お竜のように……と願望せずにはおれないのである。

　東映やくざ映画よ！　何時までも60年代後半の、体制から除け者になった人々の、共感と期待を破ろうと考えるな。かすかな希望は、余計者たちのなかにしか存在しなかったのだ。70年代、それこそ、紀元二千六百年だった昭和15年以上に、ひどい時代の到来なのだから」

　これから、また入院があり、一九七一年の一月号から再び『映画芸術』での連投が始まる。ポンテコルボやリツァーニやボロニーニをも論じているが、主たる興味は東映ヤクザ映画に集中している。多くの人が注目した『現代の眼』四月号の「ヤクザ映画になぜ惚れる」は久しぶりに力のこもった長い文章であったが、主旨はここで長く引用したものとほとんど変わらない。龍鳳は、ブランクとさえ言っていい六年間、政治的活動に行動の重点を置いた期間を経て、ほんとうに自らを映画批評をする人間として再建しようと考えていたのだろうか。私には知る由もない。しかし龍鳳が、今度映画批評をやるならヤクザ映画だと考えていたことはまちがいないだろう。

もはや一般的な映画論をやる気にはなれなかったのだろう。龍鳳がかつて信じたような告発的な映画が状況を告発する時代ではなくなってしまったのだ。だからこそ、龍鳳は、『悦楽』以後の私だけでなく、若松孝二にも小川紳介にも、まして足立正生や金井勝には何らの興味を示さなかったのである。

今村昌平の新作が出来たら、龍鳳はまた昔のような情熱でこれに対処しえたであろうか、私は否であろうと思う。今村作品を取り巻く、土着とか基層社会というような概念あるいはレトリックと初期の龍鳳は無理につきあおうとしていたけれど、政治活動のなかで、より深い絶望を見たであろう龍鳳の目がそれを踏み超えて実質を見る時、それはよい意味でも悪い意味でも龍鳳を狂熱にかり立てるにはほど遠かったろう。

軍隊あるいは戦争は、もはや余りに遠く、また余りに現前のものとなってしまった。もはやおのれの体験とかかわらせて語るべきものではない。

とすれば、あくまで大衆の映画にこだわり続ける龍鳳とは、ヤクザ映画に固執するほかはなかったのだ。それも、もっとも古典的な形のヤクザ映画に。そこにはかつて「ボクのヤクザ映画監督批判＝作家よ、これ以上、遊侠にホレるな」（『映画芸術』六五年十月号）と言った時の内省はない。なぜか『遊撃の思想』には収録されなかったこの文章はなかなかイカしたもので、小見出しがイロハカルタになっており、（イ）…井の中の角をムリヤリ渡満させ、つづきを撮りし沢島忠（『続・飛車角』）とか、（ニ）…日米は両成敗と数撃ちしタマは当らず井上梅次（『暗黒街最大の決闘』）とかいった調子で、「徹底的に暴くか、寓意を託すかくれみのとしてメッセージの道具化するか（それも姑息だが）、さもなければ笑い話のタネにしてしまうかがいい。やくざはその程度の素材である。……作家は初手からオリてしまうことこそ賢明ではないか」と監督たちに忠告している。ここには、ヤクザ映画を愛しながら、その限界を見つめている冷静な眼と軽快な精神のフットワークがあった。今、同じ龍鳳が「ハナッから断っとくけど、野暮は言いっこなしって事にしようじゃないか」と軽快に書き出しながら「斜陽には違いないだろうが、やくざ映画よ！　山下耕作よ！　走狗《そうく》だけにはなるな！」（『現代の眼』前出論文）と絶叫して終わらなければならないのと、見事に好対照をなしている。

　しかし、私はこの二つを並べて、どっちがよいなどと言おうとしているのではない。私は今はただこの二つの論文の間にある八年という歳月、日本と日本映画とヤクザ映画と斎藤龍鳳の上にあった歳月を思うだけである。しかし、私はヤクザ映画にしか興味を持たないという斎藤龍鳳の決意を知り、それが余りにも突きつめたものであるので、どのように展開して行くかについてひそかに期待していたのである。また、ヤクザ映画を愛好することは別に何でもないが、ヤクザ映画についてあれこれ書いて飯の種にするのは何となくヤクザ映画風の心情に反するのではないかと私は時々考えていたけれども、今回の龍鳳のように突きつめた態度であるならば、それもまたいいのかもしれぬと考え直そうかとしたところだったのだ。

斎藤龍鳳は、この『現代の眼』の文章を書くために、山下耕作に会いに京都に行っている。また脚本家の笠原和夫にも、プロデューサーの俊藤浩滋にも会っている。

それだけではなく、実に大勢の人間と会っているし、そのことを書いている。

「ボクは今村昌平にあうことにした。……ボクは彼といる時、なるべく映画以外の話をすることにしている」（「欲望の組織者＝今村昌平という男」）

「西村昭五郎監督にも猛然とあいたいと思った。……彼は奥さんを連れて大阪へ出たあとだった」（「〝乞食の二点張り〟批判＝『競輪上人行状記』の実践的教訓」）

「加藤泰という人には、一度しかあったことがない。……シナリオライター国弘威雄《たけお》氏とあったのはこの春先、渋谷南平台の旅館においてである」（「抒情的〝大正アナキスト〟＝加藤泰論」）

「鳩を殺した時、私は何が何でも大島渚に逢わなくてはいけないと思った」（「〝鳩〟になった大島渚」）

「それにやくざ映画の帝王、俊藤浩滋さん！　この方には一回逢ったことがあるけど、ずい分オッカナイという印象が今もってぬぐい切れない。……私も何時か、もう一度俊藤氏には是が非でも逢わねばなるまいと考えている処だ」（「東映ヤクザ映画を叱る」）

　ざっと目につくだけあげてみてもこの通りだ。「創意の源は人間である」といい切る龍鳳は、何か自分を燃え立たせてくれる対象を発見すると会いに行かずにはいられなかったのだ。そのことを、私は龍鳳が新聞記者だったことの習性に帰したくはない。むしろ、人間に対するそうした熱情が、龍鳳を新聞記者としてよい仕事をさせたのである。だから、龍鳳の映画批評は、創造者への激励文、観客への宣伝文である場合が多かった。私は、激励文や宣伝文は批評ではないといっておとしめようとしているのではない。まず対象への愛がなくて、批評など書けるものか。満腔の愛をもってした激励文、宣伝文は最高の批評である。その意味で龍鳳はすぐれた映画批評を書いた人である。殊に、内外タイムスの新聞映画批評として書かれたものは、日本の映画批評の歴史に残るものである。その一部がおさめられた『遊撃の思想』の書評で私はそのことを言ったがくりかえして置く。私自身は最初にあまりに派手にキャンペーンをしてもらったせいか、その後はあまりすばらしい批評は書いてもらっていない。まあ最初の感激ほどのことはないというのが人と人との間らしいから仕方がないのか。それに龍鳳も自分の掌中の珠が余りにも早く大売り出しになったことへの無念さもあったことだろうし。龍鳳、女に対してだけではなく、男にも浮気だったと思って諦める以外にないか。

しかし、歳月を超えてゆるがぬ共闘の戦線というものもあるのだ。だがそれは、直接的な戦闘の場にあるものに限られよう。映画においては直接的な創造にたずさわるものの間にしかない。と、少なくとも龍鳳は考えたのではないだろうか。そうではないのだ、映画批評もまた直接的な戦闘なのである。しかし斎藤龍鳳はどうしてもそれを信じ切れなかったようだ。そしてそれは本人が信じない以上しかたのないことであった。だから龍鳳は、映画の創造に直接的にたずさわっている人間よりも、そこから一歩身を引いている人間と親しくしたのかもしれない。あるいは龍鳳は最後には東映ヤクザ映画とだけは、ほんとうに直接的に共闘しようとしたのだったろうか。

それにしても、斎藤龍鳳は、この三月の十六日か十七日かに、東映京都撮影所へ行ったついでに、私に会いに大映京都へ来てくれたのだった。会うとすれば何年ぶりか、語るとすればそれ以上だった。龍鳳は何を語り何を聞くつもりだったか。かつて龍鳳はチェ・ゲバラのアジテーションを引用した。

「たとえどんな場所で死が我々を襲おうとも、我々の戦いの叫びが誰かの耳にとどき、誰かの手が倒れた我々の武器を取り、誰かが前進して機関銃の連続する発射音のなかで葬送の歌を口ずさみ、新たな勝利と雄叫びをあげるならば、それでよいのだ。」それに対して龍鳳は「私にこんな美しい文章は書けない。だが、私が映画を論じる時の足場は、まぎれもなくこの詩のような文脈中に集約されている。誰かの耳、誰かの手が大島や石堂やそして小川や、恩地や、松田であってほしい」と言った（『映画芸術』六七年七月号「『アルジェの戦い』批判者へ」）。ずいぶんごちゃまぜの相手であるし、転転と人間愛憎の変わった龍鳳の言葉をすべてそのまま信じていいわけのものでもないけれど、今はその一番美しい言葉をのみ信じたい。それだけが、残された人間が自分のなかから美しさを引き出しうる唯一の道だからである。

　龍鳳よ。斎藤龍鳳よ。ぼくは確かに君の叫び声を聞いたよ。君の叫びは、ぼくたちの時代の無念さを伝えていた。映画批評などを書いて生きねばならなかった君の無念さを伝えていた。それは君が自分の生活を語った文章にあったような美しくも悲しい響きだった。龍鳳よ、そして、君の武器は――そうだ。龍鳳よ。君の武器はもうかなりオンボロだけど、それは破邪の剣として陣営内の敵を討つには役だつだろう。ありがたくいただいておく。

龍鳳さん。

ぼくはあなたのお葬式にいけなかった。因果なことに『儀式』の監督はその時間、川口小枝と高田昭の結婚式の仲人をしていたのだ。『冠婚葬祭入門』とやらによると、祝儀と不祝儀が重なった時は不祝儀の方へ行くのだということになっているが、まさか仲人が結婚式を欠礼するわけにもいかないじゃないか。『儀式』には花嫁のいない結婚式というのも出てくるが、まあそれは映画のこと、ぼくは世間の常識にしたがった。許してください。

お通夜には行ったよ、龍鳳さん。松田政男と竹中労と、それに太田竜さんと高阪進君と五人で行った。人に不愉快な思いをさせる組合せだね、と松田は言ったが、しかたがないじゃないか。紫荘の君の部屋でお線香をあげた。どうやら君が得意だったらしい例の裸の写真が飾ってあった。ぼくは痛々しい思いで目をそらした。ぼくは浅ましいな。君の本棚にぼくの本があるかどうか、探していた。一冊はたしかにあったよ。売り払わずにいてくれたんだね、龍鳳さん。もっとも売れる本でもなかったろうが。

それからぼくたちは、野方の駅の近くのお通夜の席へ行った。寿司屋の二階だったかな。正直のところお通夜はちょっとさびしかったな。小川徹さんが座を引き立てようと一生懸命に人びとに思い出話をさせていた。佐藤忠男が例のむっつりした顔を真っ赤に染めて泰然と座っていた。吉田喜重と矢島翠さんは一足先に帰ったということだった。あと冬樹社の高橋徹さんや、『シネマ71』の山根貞男さんの顔も見えた。そのほかはほとんどぼくの知らない若い人たちだったな。あれは君が一時力を入れていた党派の人たちだったのかな。しかし、松田がその人たちに、党派としてたとえば旗を持って葬式に行くとか何とかしたらというようなことを言ったら、それには及ぶまいというような返事だった。

結局お葬式に党派の旗はなく、松田政男だけが手製の赤旗を君の霊前にそなえて来たそうだ。きっと若い人たちの方が大人っぽく、松田の方が子供っぽかったのだろう。でも、ぼくは松田のこういう子供っぽさが好きなんだ。君はどうだったんだろう。龍鳳さん。

龍鳳さん。

君は党派の人だった。党派に属したい人だった。属すべき党派を探し求めた人だった。ぼくたちが若い日、所属すべき党派は一つしかなかった。当然君もそれに属したのだろう。しかしその党派が真の革命の党派でないということがわかった時から、君のさすらいが始まったのだと思う。新聞の労組も、映画雑誌も、ハイミナール仲間も、君にとっては党派の代替物でしかなかった筈だ。君は真の革命の党派を、全身全霊を打ちこむべき党派を探していた。新しい時代が来て、より若い人びとは、銘々勝手に手近な所から自らの党派を築きはじめた。龍鳳さん。君はそうした若い人びとに好意を寄せ、ある党派には深くコミットしたようだった。しかしそれがどのような仕方だったかぼくは知らない。ともかく君のお葬式には党派の旗はなかった。そしてぼくは知っている。もう四十になった、チェ・ゲバラのように革命家ならば死ぬべき三十九歳は過ぎたと言って、君が泣いていたカプリコンの夜を。

龍鳳さん。

お通夜の晩、竹内達さんから発言を求められて、ぼくは言うことがなかった。ぼくは龍鳳さんのことをよく知らないのだ。ぼくは元気で勇ましい新聞記者だった君だけしか知らない。ぼくは君に励まされ、力づけられ、助けられた。君の友人たちは、君を励まし、力づけ、助けた思い出ばかり持っているようだった。ぼくは逆なのだ。ぼくは、ぼくの持っているイメージに反する君とは会いたくなかった。噂にも耳をふさいだ。電話も切った。そんなぼくを君は薄情だと思ったろう。

龍鳳さん。

初めて会った時の君はほんとうに颯爽としていた。豪快という言葉がそのまま当てはまるような笑いを君は笑った。ぼくの第一作『愛と希望の街』を堂々と認めた新聞は内外タイムスただ一紙だけだった。当時の文化部長玉城鎮夫の筆になる批評は「画期的な新人の作」という見出しで、「ここには従来の松竹大船作品が持つ〝生ぬるさ〟を真っ向から否定する激しさがみなぎっている」とパセティックなまでの讃辞を連ねたのだった。その内外タイムスの取材記者として君はぼくの前にあらわれた。君は言った。「ぼくは五反田で見たよ。よかったよ、封切館なんかで上映されなくって。あんたの映画は、銀座や有楽町なんかで上映するべきじゃない、千住とか荒川とか、そういうところで見られた方がいいんだよ。」『愛と希望の街』は全社の覚えが悪く、最初から二番館落しで上映されたのだった。そのことにぼくの心は深く痛んでいた。次の作品が撮れるものやらどうやら、絶望的な状態だった。その時、君は豪快に笑って、そのことやよしと言ってくれたのだった。ぼくが映画を撮るようになってから多くの人々にはじめて会ったが一番嬉しかったのはこの時君と会った日だった。

龍鳳さん。

そうだよな。君はまったく正しかった。千住や荒川で見られるべき映画、それをぼくは撮り続けなければいけなかったのだ。しかし日本の反動化と映画界の衰微がそうはさせなかった。何よりも、ぼくたちが属すべき真の党派がないことがそうはさせなかった。ぼくは千住や荒川に思いを寄せながら、いや真に思いを寄せるがゆえに、今はアートシアターなんてところで映画を撮っている始末だ。何がアートだ、と君は言いたいだろう。ぼくだって言いたいよ。そして君は、千住や荒川にこだわりつづけ、それ故にヤクザ映画の方へ行っちゃった。ぼくと君の道は別れ、その間隙を縫って、ぼくが否定した筈の松竹映画は、生ぬるい十年前、いや二十年前に逆行している。無念だなあ、龍鳳さん。

龍鳳さん。

三月の十六日に、君はどうした風の吹き廻しか、ぼくが『儀式』を撮っていた大映京都撮影所へ来てくれた。口惜しいことにその日一日ぼくは東京へ行っていたのだ。帰ってくるとスタッフルームの黒板に、斎藤隆保氏来訪と書いてあった。「この方が……」と説明しかける助監督を怒鳴りつける気にもならず、私は黙ってその字を消した。それから旬日を経ずして突然君の訃を聞こうとは。何年ぶりかで会って君はぼくに何の話をするつもりだったんだ。ぼくは『儀式』を君に見せたかった。龍鳳さんよ。幻の党派の友よ。ぼくはもう今はただただ無念でしかたがないよ。

「近代主義」登場のころ――増村保造追悼

増村さんの第一作『くちづけ』が世に出たのは一九五七年の七月である。

それからほぼ一年たった一九五八年、『映画批評』という雑誌の七月号に私は「それは突破口か？――日本映画の近代主義者たち」という文章を書いて、中平康、白坂依志夫、増村保造を論じている。私は二十六歳、松竹大船撮影所の助監督になって四年目だった。今読むと気恥ずかしい若書きだが、一部引用する。

――近代主義者の増村は、日本映画とその背後の日本社会において支配的な情緒と真実と雰囲気に背を向けて、「生きる人間の意思と情熱だけを誇張的に描くことを目的としている」。三人の中で最も鋭い社会科学認識の所有者である増村は、「本質的に統制的であり、自由とか個人とかは存在しない日本社会で、その社会的規範に従って生きて行くほかない日本人の感情をテーマとした日本映画が、複雑な社会的人間関係に向けられる人間の態度と、その社会的関係に圧しつぶされる人間の内心の葛藤、そして人間の自由の敗北を描き続けるを得なかった」必然性を知りつつ、「二年間ヨーロッパの空気を吸って知り得た美しく豊かで力強い人間を、たとえそれが日本においては観念にすぎなくても描いて行こう」と決意して、「この方法が正しいかどうか、いやむしろ答は否定的であるかも知れない」と反省しながら、『くちづけ』の若い恋人たち、『青空娘』の女中の娘、『暖流』の石渡ぎん、という一連の烈しい人間像をスクリーンの上にたたきつけたのである。

「」の中は増村さんの言葉である。それまで日本の映画界でこのように鮮明に自分の方法を論理化して語った監督はいなかった。しかもこのように自覚された方法が具体的な作品の中で見事に映像化されていた。それは衝撃だった。

それにしても当時は硬い言葉を使っていたものだと思うが、平たく言えば、どうせ個人の自由がないくだらない日本でリアリズムで映画をつくれば面白くないに決ってるから、ウソでもいいから元気な主人公をつくっていこうというわけである。

――近代主義者達がこのような形で日本映画の中に登場して来たのは、単に彼等の芸術的資質或いは社会認識に依るものではない。彼等は、一九五〇年代後半の、映画企業の存在形式と、日本社会の状況に鋭敏に反応しつつ必然的な形で出現したのである。

――戦後数年、日本社会の混乱の中でその前近代的な制度や人間関係に対し、人間の自由と権利の側からの闘争が烈しく行なわれた。映画企業も一方に伝統的な前近代的内容形式の作品を温存しつつ、一方ではそれとの闘争の方向にそった内容を持った作品をつくった。その時、木下、今井、黒澤等の諸作品は若い映画観客の絶大な支持を獲得したのである。

——だが間もなく、……国家権力は、再び露骨に日本社会の前近代性を擁護する立場をとり始めた。やや遅れて映画の中にもそれは現われた。だが人間の自由と権利を要求する闘いは続いていた。

——一九五〇年代後半になると、戦後十年、敗戦の混乱が一応おさまり、物質的生活もほぼ安定し、政治的にも保守革新の力関係のバランスが固定し、世界的二大陣営対立の固着化とも相まって一種の相対的安定期を迎えるに至った。映画も、かつて木下、今井等の前近代的なものへの烈しい闘いを支持した若い観客達が、日本社会の前近代的構造の中に組み入れられて、保守的感覚に浸されはじめ、人間の自由と権利の希望とそれを圧しつぶす社会という図式で仕事を続けて来たこのすぐれた作家達は、その発想の基盤を失うことになった。

——そのように革新的な部分が沈滞する一方では日本映画の伝統的な形式である、メロドラマの観客が減り始めた。この側面に戦後の日本の民主化が或る程度までしか進行しなかったと同時に或る程度までは着実に成功したことを示すものであった。この不思議な安定と調和の中から、新しい方向はどのようにして見いだされるか、まだ突破口は発見されなかった。

――この悲惨な時期に映画企業にとっての強力なライバル「テレビ」が登場した。

――まさに、この時に、近代主義者達は登場したのである。

――増村の主人公の設定もまた、テレビ的主人公に戦いを挑むものである。テレビ的主人公は際立った性格と行動様式を持っている。でなければ観客に安心感を与えないからだ。増村はこれと対決しつつ利用し、完全に自由な心と肉体を持ち、自由に行動する主人公を設定して、衝撃的効果を与えた。

――このように近代主義者達は現在の映画企業の最大の要請に応じつつ、映画芸術の沈滞に対し革新の火の手を上げたのである。

　このあと私は「一九五八年現在、近代主義者達はより困難な試みの中に身を投じ始めている」として文を閉じている。この時、増村・白坂のチームがとりかかっていたのは開高健原作の『巨人と玩具』、中平康が手がけていたのは丹羽文雄原作『四季の愛欲』であった。

　私はこの二つの作品は近代主義者にふさわしくないと感じて「より困難な」というようなことを言ったのだが、もともと近代主義者という規定は私が勝手にしたのであって、増村さんたちがそれにしばられる義理はどこにもなかった。

また私自身次の年には監督になってしまいその後増村さんの作品を観る機会はほとんどなかったが、なんとなく増村リアリズムとでもいうような独自のものがあったのではないかと考えている。そして時々増村さんがあのまま「近代主義者」の道を突っ走られたらどうなっただろうかと思うことがある。

追悼　寺山修司　最期の日々

四月十四日。寺山修司は赤坂病院に胃潰瘍《いかいよう》で入院していた私を見舞いに来てくれた。小沢遼子と一緒だった。

このところ寺山は、私がキャスターをつとめているテレビ朝日「こんにちは2時」の木曜日「ザ・事件」にゲストとしてつきあってくれることが多かった。鋭い分析とユニークな語り口と人柄にスタッフは惚れこんでいた。私が三月二十四日に入院してからは、三週間続けて私の代りをつとめてくれた。この日も二人は番組を済ませてきたばかりだった。

「寺山に見舞いに来てもらうようじゃ、俺もおしまいだな」

私は二日後に退院が決っていて元気だったがそう言って笑った。寺山も笑った。番組で会うたびに、話題になるのはもっぱら彼の体の具合だったからである。

彼は私が読んでいた本をのぞきこんだ。

「村瀬学か」

帰りがけにコートをはおりながら、彼は言った。

「カンヌへ行く前に、一度会って話したいな」

「うん、連絡する」

彼は手を振って病室の外へ消えた。

それはもちろん唐十郎《からじゅうろう》の『佐川君からの手紙』の映画の件だった。

シナリオを書いてほしいと、私は「こんにちは2時」の本番一分前に、隣に座った寺山に言ったのだった。

「唐がイヤがるんじゃないか」

「とんでもない。大喜びだった」

「そうか。じゃ、喜んで」

一週間後、私は退院後はじめて外出し、「こんにちは2時」に出た。ゲストは寺山ではなかった。そしてその翌日、入院の報を聞いた。

その時はいつもの肝臓だろうと思った。私は彼が医者に「寝ていて六十歳まで、働いてはもっと短い命しか保証しない」と言われて、働くことを選んだと聞いた時から、もう彼の体についてとやかく言うことをやめていた。

それまではかなりしつこく言った。天井桟敷を解散して一人になれとまで言った。

その翌日、私は三百人劇場で「イメージフォーラム」の富山加津江から、寺山の病状がただならぬものだと聞かされた。

「でも、寺山さんは体力があるから」

と、お富は私をにらみつけるようにみつめて言った。

「たのむよ」

お富は私の病室にも一番よく訪ねてきてくれた女だった。私と会うと必ず寺山の体の話になる女だった。

五月四日。私は事務所の女の子に河北病院のアドレスをメモさせた。面会できないのはわかっていたが、翌日「こんにちは2時」の帰りに行くつもりだった。

午後一時から二時まで家の光会館で学生映画祭のシンポジウムに出た。黒木和雄と一緒だった。終って部屋を出たとたんに、マイクが突きつけられ、ライトが眼を射た。一瞬、学生との対話の感想をきかれるのだと思ったが。

「寺山さんが……」

まだ私の体は心配されていて自宅へ送りの車が用意されていたが、事務所へ戻った。

テレビをひねると、棺をかつぐ篠田正浩や唐十郎の顔が見えた。寺山が篠田のシナリオを書くためにはじめて大船撮影所へ来た日の姿を思い出した。一九六〇年、「昭和の啄木」は二十四歳、白いマフラーを首にまいていた。

助監督たちが「九條ッ子」と呼んでいた少女が、元夫人として今しっかりと談話を語っていた。

そして唐。唐が芥川賞を得て、寺山が死に、演劇にとってひとつの時代がたしかに過ぎ去った。

そして私は生れてはじめて自分の泣き顔をテレビの中に見た。

午後七時。浦和から駈けつけた小沢遼子と一緒に私は天井桟敷に行った。五月四日は彼女の誕生日だった。

肉身の一人もいない天井桟敷の黒い空間は、中有の闇に迷いこんだような困惑を私にいだかせた。

「大島。お前このあと通俗的なものかなんか撮っちゃいけないぞ」

カンヌで『愛のコリーダ』が成功した日、寺山はそう言った。教師みたいだった。

そのくせ自分は東映で『ボクサー』を撮ったりした。

自分のことには無頓着だったのだろうか。寺山は「成熟」という悪しき病いを免《まぬ》がれた同時代の唯ひとりの者だった。

わが封殺せしリリシズム

思いもかけなかった激しい感情が突然胸にこみあげることがある。『愛のコリーダ』の仕上げでパリにいた時、編集室から帰る車がふと道に迷って見知らぬ場所へ出てしまった。セーヌをへだてて目の前にエッフェル塔が巨大な姿をあらわしたのだった。それは忽然《こつぜん》といってよい出現だった。その時、私の胸の中を突如として激情の嵐が貫いたのだった。

それは、ああ私はこんな風景に出会うことを人生の最終目標にしていたこともあったなという強烈な感傷だった。

私の人生のほんの短い間、私はパリ、エッフェル塔などに憧れていることを自らに許す時間を持ったのだった。それは、大学に入る直前から、大学の最初の一年が終わるまでのきわめて短い時間だった。

その短い時間の終わりに、私は何人かの仲間と『商船テナシチー』を上演したのだった。

大学へ入った私は喜び勇んで劇研の扉をたたいたが、旧制高校出身者で固めた上級生たちは、京都の新制高校からポッと出のチンピラなどを相手にしてくれるはずはなかった。やむなく一年生だけで劇団をつくったが、そこでも公式左翼に主導権をうばわれて、私の出る幕はなかった。そんななかで、どうしてもやりたかったのが『商船テナシチー』なのだった。

ジュリアン・デュヴィヴィエ監督による映画もくりかえし見ていた。暗く甘いあの感傷が私の気分にぴったりだったのだ。私たちは感傷的な舞台をつくり、私個人はそれよりなお感傷的なプログラムをつくった。伊吹武彦さんや菅泰男さんに文章を書いていただいた。「大島君、君のリリシズム好みは渚という名前と関係あるのかなあ」と菅さんは言われた。

舞台で何の役をやったかって？　もちろんセガールをやったよ。女にふられる役のセガールを。粋なアルベール・プレジャンが演じたバスチアンをやる勇気なんか私にはなかった。三年生の先輩に来てもらい、バスチアンをやってもらった。勝負ははじめからついていたのだ。テレーズも別の先輩にうばわれた。いや、私はテレーズに恋していたのではない。私は、細い細い雨の降る北フランスの港町に恋していただけなのだ。港町の安ホテルの食堂に坐っている感傷的な自分を恋していただけなのだった。

『商船テナシチー』のあと、私はそんな感傷を封殺して三十年を生きた。

欲望の視座

『土』という映画を見た。内田吐夢監督の傑作として名高い映画である。長塚節《たかし》の小説の映画化であることも知られている。完成までに三年を要したという伝説があり、私が見たフィルムには一九三九年作品と記されていた。

日活多摩川の撮影所でつくられたのだが、ネガ・プリント（原版）はすでに消滅し、第二次大戦後東ドイツに保存されていたフィルムが発見されて、それから再版されたプリントだった。第一巻と最終巻がなく、途中にも脱落があると、告げられていた。

そうした欠落は言うまでもなく痛ましい。加えて、原版から数えれば再三以上のリプリントを繰りかえした画面は、黒い部分があまりにも黒く、白い部分はあまりに白く、明治の農村を徹底したリアリズムで捕えようとした監督とキャメラの意図を無残に裏切っていると言わねばならない。

しかし、今、私が言いたいのは、そのような困難についてではない。

むしろ、そうした困難を超えて、私には、作者たちが、ああこういう眼でものを見ていたのかということが、脈々と伝わってくるのだった。

内田吐夢監督をはじめとして、作者たちの多くは明治生れであったろう。そして、舞台は明治の農村である。しかし、映画がつくられたのは昭和十四年であった。その時、作者たちに明治の農村はこのように見えていたのか。ああ、というのが私の感慨である。

貧しい農村である。そのなかで特に貧しい勘次の一家である。妻は堕胎に失敗して死に、年頃の娘と幼い男の子が残される。死んだ妻の父が厄介ものとして転がりこんでくる。勘次はいかにそのことに耐えようか。

勘次が、娘のおつぎが、息子の与吉が、そして養父の卯平が、ひたすら耐えるさまを作者たちは描く。というより、作者たちにはそのように見えているのである。

映画の作者とは、おのれには世の中はこのように見えるということをいうために映画をつくる者なのだろうか。

私にはわからぬ。すくなくとも私は、おのれはこのように生きたいと思うことを映画にすることが、作家の仕事だと信じて来た。しかし、そのように映画のなかで、おのれの生きかたを貫くとき、それが何に突き当るかを描くならば、おのずから、世の中はかくの如く見えるという、無念の思いを語っていたのかもしれない。

逆に内田吐夢監督たちも、決して純粋客観的でありえたはずはないのだ。どんなにリアリズムを呼号しようとも。

とすれば、一見冷静に世の中はこのように見えるというキャメラの視座も、美はおのれがその無残な秩序のなかに身の置き場所を定めたいという個的な願望が決定したものであるのか。

そうではないとすれば、キャメラの視座とは、いったい何なのか。

キャメラの視座、結果としてのキャメラの視野は、映画の作者たちの欲望の視座であり、視野であるように思う。

作者たちが登場人物の世界と、どのような距離を持つことを欲するかという欲望の。

私がなぜ『土』を見たかと言わねばならないだろう。私は今、明治二十九年に長塚節の住んでいた近在の村で起った殺人事件とそのあとで流れた幽霊話を素材にした映画をつくるための準備中なのである。

節は、この話を書こうとして遂に果さず死んだのだという。節にゆかりのあった家の女性が、聞き書きとしてこの物語をまとめた。それを素材に私はシナリオを書いた。『愛のコリーダ』のプロデューサー、アナトール・ドーマンと組んで再び映画をつくろうとしている。

私の映画で、明治の農村は『土』のそれとまったくちがった相貌であらわれるはずである。私が人間に賭ける欲望がそうさせるのか。結果としては、それは、私が明治の農村とそこに生きる人たちをこのように見ていたということになってしまう。それが『土』の作者たちとちがっていれば、それはケンカだ。

無残なものだなあ。いったい時代は何のためにあるのか。時代は、時代を超える天才のためにのみあるのか。私は自ら天才とは言わないけれど、ジャン・ルノアールの『ピクニック』を見たばかりである。

強くやさしい女たちよ

いい女の条件について、実にうまい言葉を並べた男がある。

伊丹十三さんである。もう十年も昔になるが昭和四十三年に出版された『女たちよ』という本の末尾にはこうあるのである。

「配偶者を求めております

一、ごく贅沢に育てられたひと

一、ただし貧乏を恐れないひと

一、気品、匂うが如くであるひと

一、しかも愛らしい顔だち

一、エロチックな肢体をあわせ持ち

一、巧みに楽器を奏し（ただし、ハーモニカ、ウクレレ、マンドリンは除外す）

一、バロック音楽を愛し

一、明るく、かつ控え目な性格で
一、アンマがうまく（これは大事だ）
一、天涯孤独であるか、ないしはごくごく魅力的な家庭をもち（美しい姉や妹たち！）
一、ルーの下着、エルメスのハンド・バッグ、ジュールダンの靴を愛用し
一、サリンジャーの『ザ・キャッチャー・イン・ザ・ライ』が一番好きな小説で
一、片言まじりの外国語を話し
一、当然酒を飲み
一、料理に巧みでありながら
一、なぜか、カツパン、牛肉の大和煮、などの下賤なものに弱点を持ち
一、猫を愛し
一、お化粧を必要とせず
一、頭がいいけどばかなところがあり
一、まだ自分が美人であることに気づいてなく
一、伊丹十三が世界で一番えらいと思っている
一、私より二まわり年下の少女

というのであるが、ウーム計算すると残念ながら十年は無理だね、計算すると彼女

はまだ九歳にしかなっていない」

一読、ウームとうなったものだった。私はそのころルーの下着やジュールダンの靴が何たるかを知らなかったが、まことにいい女の条件を言い尽くしていると思ったものだった。

そして私にとってアホらしいことには、この条件は終わりの二項目をのぞけばそっくり彼の「別れた妻」にぴったりであると思われるのだった。

なにしろ伊丹さんはこの本の扉に

「別れた妻
　そうして
　まだ見ぬ妻たちへ」

と、ぬけぬけと書いているのである。

でも私は「まだ見ぬ妻たち」の方はまゆつばだと思った。すでに新しい妻を「見て」しまっているのだと私は信じていた。そして私にはその人よりも「別れた妻」の方がはるかに「配偶者」の条件にぴったりなのに、どうしてとっかえるのかなあと思われるのだった。伊丹さん、ごめんなさい、そして宮本信子さん、ごめんなさい。私は不明であって宮本さんもまたこの条件にぴったりなのだということがわかるためには、あと何年かを必要としたのだった。

ところで「別れた妻」の方は、この本が出たころ、すでに伊丹十三ではない別の人を「世界で一番えらいと思っている」のだった。そして私はその人と仕事の上で運命共同体ともいうべき作業をはじめかけていた。

十年を経て今年、私はその二人とカンヌにいた。読売新聞、河原畑《かわらばた》寧《やすし》記者の文章を借りるとこういう状況である。

「映画祭最終日の五月三十日の昼下り。大島渚、『愛の亡霊』主演女優の吉行和子、この日仏合作の重要な調整役をつとめたフランス映画社の柴田駿、川喜多和子は、映画祭本部のあるパレ・ド・フェスティバルの前の浜辺にあるレストランで昼食をとっていた。審査委員会は、この日の午前から開かれている。

……審査結果の発表は午後二時三十分以降と発表された。

……午後二時二十分ごろ、上半身はだかでのんびりと日光浴しながら食事を終えたかにみえた大島のテーブルの四人は、さっと席を立った。やはり審査結果を待ちかねていたのである……」

しかし、私たち四人はそろってさっと席を立ったのではなかった。川喜多和子は一人、皆より五分前に立ったのである。「焦ってる」と河原畑さんをふくめて皆はひやかした。他人をひやかすことで内心の焦りをかくそうとしているのである。そんなとき、和子さんは決して自分の気持をかくそうとしない。心が何か思い立った時、体はすぐ行動を起こしている。駈け出してゆく、ひたむきに。

五分後。「ぼくも行きます」と柴田さんが立った。私と吉行和子ものろのろと立ち上る。砂浜から海岸への階段を昇り切ると、もう柴田さんの姿はなかった。

「わたし、ぶらぶらしてきます」

と、吉行さんも歩き出した。パレ・ド・フェスティバルに背を向けて。

私はしかたなくパレに向かって斜めにのろのろと歩き出した。

何歩ぐらい歩いたあとだろうか、川喜多和子さんが走ってきた。映画祭の間じゅう和子さんは走るように歩いている。今はほんとうに走っていた。小さな魚が揺れる海藻の中を全身をかたむけて泳いでいるようだった。

「和子さん、……和子さん！」

私は夢中で呼んだ。

和子さんははっと顔を上げ、駈けよりながら、

「監督賞がとれました、おめでとうございます」

と、おそるべき早口で言った。普段から早口だが、それは誰にも聞きとれない早口だった。

抱きついたのではない、倒れかかったのでもない、でも私は全身を和子さんにあずけて泣いた。そして和子さんも。地中海の太陽がさんさんと照るカンヌの海岸通りの

雑踏の中だった。

私の半分ぐらいしか体重のない和子さんは、日本へ帰ってからスタッフたちのささやかな祝賀会の席上で言った。

「重かったです。私は私たちがやってきた十年の重みを感じ、またこれから先の重さを思って、泣きました」

私はそのあと和子さんの指示通り、パレの隣りのブルー・バーというレストランのテラスで柴田さんを待った。パスティスを注文する。水を加えると白く濁る、にがよもぎの臭いのする安酒だ。労働者が家に帰る前に一杯ひっかけてゆくアペリティフ。臭いがきつくて十年前はじめてカンヌへ来た時は飲めなかった。道を行き交う映画人たちが次々と立ち止まり、祝福してくれる。パスティスのおかわりをする。

と、吉行和子がやってくる。何となく頼りなげな足どりだ。私はひそかに「糸あやつり」とあだ名している。それは何も吉行さんと宮本信子さんが演った『人形姉妹』を見たせいではない。吉行さんにはどこかあやうげなところがあるのだ。

吉行さんは私に気づき、典雅でアルカイックな笑みを浮かべて近づいてくる。

二週間のカンヌ滞在中、吉行さんはそのほほえみを消すことがなかった。ニコニコとカンヌの街を歩いていた。

私は幸せだったと言うべきだろう。二年前の松田英子ちゃんと二回続けて、まことに品のいい、物ほしげでない女優さんを連れてカンヌの街を歩くことができたのだった。

品のよしあし、物ほしげであるかないかは、買物の時でわかる、英子ちゃんは若いくせに実に大胆ないい買物をする女だった。高価でもいいものを選びに選んで思い切りよく買うのだった。安物、くだらぬものには目もくれない。

吉行さんは小さな買物を愛する人だった。一見バラバラに買っていて、それが吉行さんの身につくと見事にひとつの香りを帯びて統一されてくるのだった。

今も何かいい買物があったのだろうか、吉行さんはニコニコと私の坐っている傍に立つ。「結果どうでした？」なんて言わないところがいい。おさえて言わないのではなく、そんなふうな育ち方はしてないのである。だから時々歯がゆい。そこがまたいいのだが、こういう時は監督の権威で命令的に言う以外にない。

「お坐んなさい」

と、横に坐らせる。

「何飲んでるんですか、ジュースですか」

のんきなものだ。それでも、

「吉行さん、おかげで監督賞がとれました、ありがとう」

と伝えた時、一瞬にして顔がクシャクシャになった。女優さんはそんなに顔をクシャクシャにしてはいけない。でも、吉行さんはあとで人々に語った。

「手を握ってものたらなくて、腕を摑んでもものたらなくって、首に抱きついて、泣きました」

意味のない時間が夢中で過ぎて、太陽の光が斜めになり始めた頃、柴田さんが現われた。

「おめでとうございました」

「ありがとうございました、あなたのおかげです」

何の誇張もなく割引もない、これだけが唯一の真実である言葉を私は言った。柴田さんが和子さんとともに私の映画を世界に紹介するためにとってくれた十年の労苦こそがこの日の結果を生んだのである。しかし、柴田さんの答えは簡潔だった。

「いいえ、当然のことです」

和子さんが「柴田駿が世界で一番えらいと思っている」のは無理ないではないか。

柴田さんの指示通りに動いてホテルへ帰った時、太陽は更に斜めになっていた。私たちのホテルは超一流ではないが、カンヌで一番クラシックな良さのあるホテルである。そのテラスで秦早穂子さんが待っていてくれた。

秦さんは、映画の仕事についたのも、カンヌへ来続けているのも、大先輩である。ゴダールのあの記念すべき第一作に『勝手にしやがれ』という日本語題名をつけたのも秦さんである。岸恵子さんとの往復書簡や婦人雑誌に書かれる文章は読めても、映画について書かれるものが少なくなったことを残念に思っている私は秦ファンの一人であった。

しかし、カンヌで見る秦さんはいつも近よりがたい人だった。食事などもいつも外国人となさるようだった。それは実は当り前のことである。カンヌへ来て日本人ばかりで食事してるなんてことのほうがはるかにおかしいではないか。でも、そんな私には、いつも堂々と女一人で、外国人相手に仕事でも食事でも渡りあっている秦さんは、眩《まぶ》しく近よりがたい存在だった。

ところが今回はじめて秦さんは、私や吉行さん、柴田・和子夫妻や河原畑さんと時々つきあってくださった。テラスや、天井が高く広々としたロビーのクラシックなソファで秦さんの豊富な経験と鋭い意見を聞くのは楽しかった。そしてそんな時、秦さんはお酒の勘定を必ず自分につけるようになさるのだった。私は、ああ秦さんは外国人相手の時もきっとこうなのだなと思った。

『アンマリッド・ウーマン』（「結婚しない女」）が上映された夜は特に話に花が咲いたが、皆が部屋へひきあげたあと、秦さんと私は深夜まで話しこみ、私はホテルのバーのオー・ド・ヴィをすっかり空にしてしまった。その勘定も秦さんだった。秦さん、たった一つしか年上でないくせに、おまけに私は早生まれで同学年であることもわかったのに、どうしてなのですか。

映画祭の閉幕近くなり感傷的になった私は、今回は賞がとれなかったら、秦さんというほんとうの意味で自立したすばらしい女性と話ができたことを喜びに、日本へ帰ろうと思ったのだった。

幸いに賞はとれ、私は秦さんの前にいた。秦さんの大きな目から涙が溢れた。

「あなたたち苦労に苦労を重ねてきたんだものね、よかったわ、私、わかるわよ」

私も泣いた。私は一瞬の中に長い歳月を見た。それははじめてカンヌへ来てからの十年という歳月だけではなく、私の映画人としてのすべての歳月だけでもなく、日本人として昭和の子として生きてきた秦さんや私や二人の和子さんの人間としての長い長い歳月であった。ああ、歳月の重みに耐え、ひたむきに、典雅に、強く、そしてやさしい女たちよ。

弔辞——川喜多和子

謹んで川喜多和子様の御霊前に弔辞を捧げます。

しかし、しかし和子さん、これは如何なる意味においても不条理です。私は多くの人に支えられて生きてきたので、いくつかの弔辞を読む用意はないことはなかったけれども、まさかあなたのための弔辞とは。

和子さん、あなたは一九四〇年二月一日、東京聖路加病院に生まれ、一九九三年六月七日朝六時十八分、誰ひとり予期することなかった死を同じ病院で迎えられました。

和子さん、あなたは運命の子、運命の人でした。

和子さん、あなたは川喜多長政様、かしこ様御夫妻の子としてこの世に生を享《う》けられました。長政様は一九二八年、東和商事を創立され、翌年かしこ様が入社されて以来、お二人力をあわせてあらゆる困難を克服してヨーロッパ映画の輸入に尽力、成功されました。さらに日本と中国との間の戦争がはじまるや、中国における映画製作を開始されました。そんな時、そして日米開戦の前年に和子さん、あなたは生まれ、和子と名付けられました。東和の和であり、平和の和であったと伺っております。やがてあなたは御母上様と共に、先に行っておられた御父上様を追って上海へ渡られます。そして終戦の年の春には北京に移られます。山口淑子様によれば、あなたはそのころ五歳に満たずして、すでに五つの国の言葉で日常の挨拶をなさった由。そしてその北京には、のちにあなたの運命の人となる同じ年生まれの柴田さんがいらしたのです。少年駿君は、すでにしてあのように厳しい人だったのでありましょうか。もちろん、その時お二人は相逢うことはなく、あなたは一九四六年二月、御母上様と共に鎌倉へ帰られます。

　御成小学校、御成中学を卒えて、一九五五年、イギリスのレガート・スクールという全寮制の学校へ留学されます。後年あなたはその話をする時おおいに照れて、私、バレエをやろうと思ってたんですよ、といったものでした。そこを卒業後、あなたはさらに各国文化史聴講のため、ほぼ一年ずつフランス、イタリア、ドイツの大学に学びつつ、一日二本以上の映画を見るという生活であったと伺っております。

　一九五九年に帰国されたのち、一九六〇年には黒澤明監督の『悪い奴ほどよく眠る』の助監督として働き、その時生涯の友となる野上照代さんと会い、野上さんの紹介で俳優伊丹一三氏を知り結婚されます。その間の事情は私にはつまびらかでありま

川喜多和子

せんが。

私がしばしばお目にかかるようになったころ、和子さん、あなたはシネクラブ研究会を主宰され、柴田さんはそれを支えておられました。やがて一九六八年、シネクラブ研究会が予定していた鈴木清順監督の作品三十七本の貸出しを突如日活が拒否し、かつ鈴木監督との契約を破棄するという事件が起りました。シネクラブに集う若者たちは激しい抗議行動に起ち上り、時も時、全世界的な若者の異議申し立ての波と呼応して、鈴木清順問題共闘会議がつくられ、和子さん、あなたはその先頭に立たざるをえませんでした。その時あなたは、映画の自由、自由の映画を求める者たちのジャンヌ・ダルクでした。時を同じうして、柴田さんは同じ年の二月十四日、フランス映画社を創立されました。和子さん、あなたはもちろんはじめからその一員でした。

　和子さん。私は、この時あなたははじめてどのように自分の人生を映画にかかわらせてゆくか決められたのだと思います。それまであなたは悩んでいた。映画は好きで好きで仕方がないけれど、自分は如何に映画とかかわるか。だって、あまりにも偉大な川喜多長政、かしこの娘なんですもの。しかし、柴田さんと会った時、あなたのこころは決まったのでした。私はやりたいことをやる。この人と一緒に。自分の好きな映画を人に見せる仕事を。

　しかし和子さん、あなたがたの仕事が、より困難な、日本映画を外国で見せるという側面から始まったということは驚きであり、あなたがたの、これまでの誰にもなかった志と勇気を示すものでした。そして、そのきっかけになったのが私の『絞死刑』であったことは、私の生涯の幸せでした。私は本日、絶対に私事は述べないと決心しているのですが、これだけは言わねばなりません。以後、私の作品はすべてあなたがたの手によって海外で上映されました。合作の仕事も個人としての海外での仕事も、すべてあなたと柴田さんのお力によるものです。私の今日あるは、すべてあなたがたのおかげです。しかし、あなたに支えられ、あなたに生涯感謝している日本の映画監督は、私ひとりにとどまりません。その名はあとで述べます。それはすでに記されています。

一方、あなたがたの輸入配給の仕事は、『絞死刑』と交換したジャン＝リュック・ゴダールの『彼女について私が知っている二、三の事柄』からはじまった。ああ、ジャン＝リュック・ゴダール、それは当時私たちにとって、なんと刺激的な名前であったことか。ゴダールを約十本、バスター・キートンを約十本。そうして一九七六年八月から、ベスト・フィルムズ・オブ・ザ・ワールド、バウ・シリーズの怒濤の進撃が始まる。和子さん。あなたが亡くなって十二日目の六月十九日、張藝謀《チャン・イーモウ》の『秋菊の物語』が封切られました。すばらしい入り、すばらしい反応でした。第一弾の『恐るべき子供たち』『新学期・操行ゼロ』から始まって、それは一一五回目になる。一年に六本ないし七本。何というすばらしいエネルギッシュな仕事を、あなたと柴田さんはしたことだろう。

二人の仕事、という時、私は一つのシーンを思い起します。それはこの国の政府があなたのお父上に、その功績に比してかなり失礼な賞をおくり、そのお祝いの会が持たれた時のことでした。それでも川喜多長政様は王者の笑みともいうべき笑みを浮べて莞爾《かんじ》として壇上に進まれ、その時海外に出られて不在であった奥様のことを、「私のベター・ハーフ、文字通りベター・ハーフ」とたたえられました。あなたも文字通り柴田さんのベター・ハーフであった。あなたも思いこんだら命がけ、言い出したらきかない人だったので、柴田さんの御苦労も並たいていではなかったが、あなた以外の誰に、峻厳《しゅんげん》神の如き、狷介《けんかい》鬼の如き天才、柴田駿のベター・ハーフがつとまったろうか。あなたは誰よりも柴田さんを愛し、尊敬していた。あなたがたはまさに、運命の二人だった。

和子さん、私は今、敢えていいます。ほめてさし上げます。あなたが気にしていたことだから。あなたは偉大なる御両親のお仕事を完全に受け継ぎ、それを純化し、そしてある一点において、それを超えたと。

それは、あなたの存在が、世界中のよき映画監督を鼓舞していたということをいっているのです。テオが、ヴィムが、ジム・ジャームッシュが、ビクトル・エリセが、侯孝賢《ホオシャオシエン》が、みんな思っていたにちがいないのです。映画をつくれば和子は見てくれる。よければほめてくれる、日本で上映してくれる。このことがどんなに彼らをはげまし、なぐさめ、映画をつくり続ける勇気を与えたことか。この、映画にとって困難なる時代に。

彼らだけではない。監督だけではない。セルジュ・シルベルマン、アナトール・ドーマンら心あるプロデューサー、スタッフ、俳優、みんな心のどこかにあなたを置いて、映画をつくり続けたのだ。あなたの映画への愛、映画をつくる人間への愛と尊敬、よい映画を見抜く力、そしてそれを愛する力、そして愛する映画を人に見せようとする時の超人的なエネルギー、粘りと押しつけ。

　映画をつくる人間だけではない。映画を見る人間、映画について書く人間の最良の部分も、限りなくあなたを愛し、あなたに支えられていた。淀川長治先生をはじめ、蓮實《はすみ》重彦さんも、山田宏一さんも、河原畑寧さんをはじめ新聞の人たちも、おすぎは意気揚々と、ピーコは少し控え目に、和子さんにいわれれば必ず映画を見た、そして書いた。

　それは映画プロパーの人間にとどまらなかった。和子さん、あなたは、池澤夏樹さんが『週刊朝日』に書いてくださった、『旅芸人の記録』の一シーンのように私は拍手をもって和子さんを送るという、すばらしい文章を見ましたか。作家であれ、学者であれ、一度和子さんに会うと、みんな映画の泥沼、いや花園に引き入れられてしまうのだった。

　和子さん、そんなに映画に一途だったあなたは、一方で映画と同じように人生を愛していた。お酒、おいしい食事、おしゃべり。もっとも、それはいつも映画へ帰ってゆくのだったが。趣味のいい身の廻りの品々。あなたはいつも、川の近くに住みたいのだといっていた。野良猫が、いつも家の窓辺であなたを待っていた。お料理が好きで上手だったが、私のためにつくってくれる時間はほとんどなかった。

　五年前に、はじめて白金台に自分で設計して新しい家を建てた時、もう、ちょっとぐらい贅沢させてもらってもいいと思って、と私に言った。しかし、それはどうみても自分たちが住むというよりは、お客をするための家でした。コッポラもヴィムも、侯孝賢とその仲間たちも、そこで幸せそうだった。ドナルド・リチーさんも武満徹さんも、そこでは普段よりはるかに口数が多かった。やがて、そこへ世界中の映画人が招かれ、幸せな時間が流れ続けるはずだった。しかし突然時間は停り、それはあなたの通夜と葬儀の場となった。

海外から二〇〇を越す弔文が寄せられたが、世界はまだあなたを失ったことの大きさを知らない。本日ここに集った私たちは知っているけれど、日本はまだ、あなたがいないことの空白が埋めようもないことを知らない。

なんということだ、和子さん。

しかし、その空白の悲しみとダメージは、じわじわと、やがて日本と世界の映画を覆うだろう。しかし、和子さん、その時我々は再び立ち上がる。その悲しみとダメージの中から。

なぜならば——見えるかい、和子さん、あなたの後ろのスクリーンにしるした我らの名が。黒澤明、新藤兼人、鈴木清順、今村昌平、羽仁進、蔵原惟繕《これよし》、篠田正浩、若松孝二、柳町光男、小栗康平、中島丈博、崔洋一、林海象、テオ・アンゲロプロス、ビクトル・エリセ、フォルカー・シュレンドルフ、アニエス・ヴァルダ、パオロ・タヴィアーニ、ヴィットリオ・タヴィアーニ、フランシス・コッポラ、ベルナルド・ベルトルッチ、ジム・ジャームッシュ、ヴィム・ヴェンダース、クリス・マルケル、ジャコ・ヴァン・ドルマル、ハル・ハートリー、ジェーン・カンピオン、侯孝賢、張藝謀、そして大島渚。

そして和子さん、あなたを愛し、あなたに愛された我らすべての名において、

KAZUKO WILL ALWAYS LIVE IN OUR HEARTS.

弔辞――森川英太朗

森川。

ひどいではないか。一言のあいさつもなく先に逝ってしまうなんて。

何年か前に大病を患ったのは知っていた。でも君は細田の手術のおかげで命びろいをしたとニコニコしていた。だから私は私が住んでいる藤沢に新しく出来た慶應のキャンパスできげんよく教えているはずだと思っていた。ところで君はいったい何を教えていたのだ。それをたずねに大学へ行こうと思いながら行かなかったし、君がよく面倒を見ていた東京での二中の同級会へも近年欠席続きで君の最近の消息を知らなかったのだ。許してくれ給え。

森川。君は本当によく二中を、我等の京都二中を愛していた。いや、二中が君を愛していたのかも知れない。質実剛健、強く正しく朗らかにをモットーにする二中にとって君は理想的な生徒だったのだ。昭和二十一年夏、復活した全国中等学校野球大会の戦後第一回大会に出場した時、君はチーム最年少の三年生、一番チビの右翼手八番バッターだった。その時は甲子園が進駐軍に接収されていて西宮球場だったが、準決勝の下関商業戦で君がバットの真ん中へんを持って勝利のヒットを打った時、眼に涙が光っていたことを私は今も忘れていない。

その涙が、スポーツ選手でありながら、一方で歴史や人生を語ることを好んだ君を象徴していたと思う。またその涙がおよそ二中には似つかわしくない私のような軟弱な男と君と仲良くさせたもとだったと思う。

昭和二十三年、それは太宰治が死んだ年で彼の死体が玉川上水に上がった日、私たちのクラスは全員で授業を放棄して新京極へ焼酎を飲みに走り出したのだったが、文化祭が行われて私たちのクラスは模擬店でうどん屋をやった。その時、森川がつくったうどんは戦争中の子どもである私たちが初めて味わった最高の美味で、私たちは「さすが浜作の息子」と讃嘆したが実は彼自身は祇園の有名料理店のあととりという運命をそのまま受け入れるか否かひそかに悩んでいたのだった。

全国で一番激しかったといわれる京都の学校制度の変革が森川と私を引き離し、彼は堀川高校から慶應義塾大学へと進んで依然として野球とかかわり続けたが、そのかたわら時として私に人生についてのかなり長い手紙をよこすこともやめなかった。私はここでちょっと見栄をはって女性を除いてはと言いたいのだが、ともかく私の青春において森川ほど沢山の手紙をくれた友だちはほかにない。

　そして、これは全くの偶然だったのだろうか、彼には明確な意図があってのことだったろうか、私が松竹大船撮影所に入って助監督になった次の年、彼は松竹京都撮影所に入って同じく助監督となった。私は希望を抱いて助監督になったわけではなかったので、もし相談されればやめろと言い、家業を継いだ方がいいと言ったにちがいなかったが、このころになると彼は何事も私に相談せず決断と結果だけを報告してくるようになっていた。

　大船と京都とは離れていたが、私が仲間たちとシナリオ同人雑誌を出すと森川も京都で同様のものを出し、昭和三十五年、私が『青春残酷物語』をつくって仲間たちと共に日本のヌーベル・バーグあるいは松竹ヌーベル・バーグと呼ばれるようになった年、彼は京都で『武士道無残』を撮った。

　私は彼が撮影中のスタジオへ陣中見舞いに行き、そこで『日本の夜と霧』が突如上映中止となったことを聞いた。そのことは結果として私を松竹退社という方向へ導いたが、その後まもなく森川も松竹を去るというニュースが流れてきて私は驚かされた。しかし、私はその時も彼に理由をたずねることはしなかった。その後、森川は私が仲間たちとつくった「創造社」に同人として参加した。私は皆が創造社を根拠地としてそれぞれの自由な創作活動をするという夢を描いていたが、結局、それは夢に終わっ

『武士道無残』の撮影現場にて。左から大島渚、森川英太朗監督
（写真提供　森川祐三子）

た。

森川はその中で仲間の監督作品のプロデューサーをつとめるなど集団のために献身してくれたが、やがて、ある日、創造社を去り、電通に入社した。

大電通の中で森川がどのような仕事をしたか、どのように生きたか、私の如き外部の一介の素浪人には分かる術もない。しかし会う時、彼がいつも元気そうでグラウンドで見た時のように潑剌としていた。私はよかったなと思った。そして彼はいつまでたっても映画を撮れぬ私を心配してくれた。そこには中学生時代から変わらぬ彼の友情と誠意があった。

しかし私がほんとうによかったなと思ったのは、電通を定年退職し、母校慶応義塾大学の教授になると聞いたときであった。なぜならこれが彼が若い日に望んだことだったからだ。

　繁栄する家業を継がず、つかみどころのない知的職業の海に泳ぎ出すなどということは現代の水準からすれば愚か極まることであろう。しかしいたしかたない。それぞれの時代にそれぞれの青春のかたちがある。敗戦に打ちひしがれた私たちの青春においては知的であることだけが私たちの未来であると思われたのだった。今となっては知的であることなどで私たちが幸せになれるものではないことを二十世紀が証明してしまったが、その道半ばであった私たちの青春においてはそれが時代精神であったのだ。

　森川よ。

　君はその時代をよく生きた。野球選手であると同時に思想家であろうとする生涯をよく生きた。そこには悩みも多かったろう。何の助けにもならなかった私を許せ。私は自分自身を救うために、ただただ忙しかったのだ。

　森川よ。

　君は昔、京都撮影所のシナリオ同人雑誌に書いた「壬生浪《みぶろ》」というシナリオを憶えているか。「壬生浪」、壬生浪人、それは当時の京都の民衆が新撰組の浪士たちを呼んだ言葉だ。

森川、去年の秋、私は何十年ぶりにあれを読んだよ。実は今度、新撰組を撮るんだ。もちろん新撰組といっても私がつくるんだから一風変わった新撰組だが。その参考に君の作品を読ませてもらった。準備が始まったら、一度会って雑談でもしたいと思っていたが。製作発表したのは一月二十四日だったが、記事を読んでくれたろうか。いずれにしても縁だと思う。君が逝く時に私が君が撮りたかった新撰組をつくるとは。

森川よ。君はいつまでも私の中に生きている。

森川よ。

いつまでも私の中に生きて、生きて生きて生き続けて、我が往く手を守れ。我が往く手を守れ。

第三章◉俘虜と天使

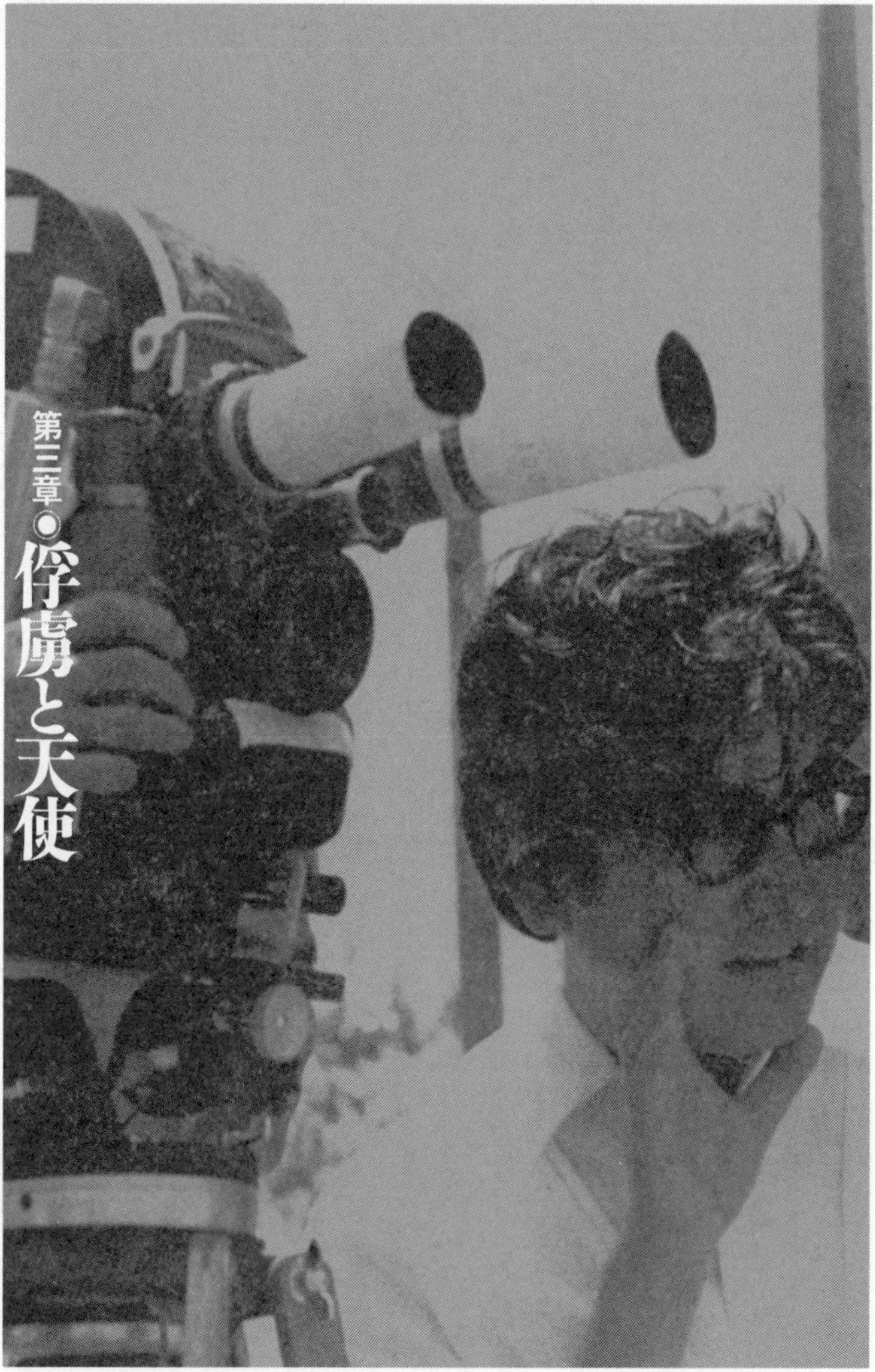

「衰退」というタイトル――小林信彦

小林信彦さんの特集をするので、ということで本誌から原稿依頼があった時、私は「困りましたね」と言いながら、それでも引き受けざるをえなかった。小林さんとはもう二十年以上のおつきあいだからである。

ところがそれからまもなく小林さんから『サモアン・サマーの悪夢』をいただいた。有難いことに小林さんは新著が出るたびにほとんど全部私に贈ってくださる。私も時々怠けるが大抵はお礼状を書く。私は早速お礼を書き、ついでに書きそえた。「『別冊小説新潮』から小林さんについて書けと言われて往生しております……」

小林さんから返事が来ておどろいた。なんと「『別冊新評』のまちがいではないでしょうか」。ギャハッ！

私のかんちがいの原因ははっきりしている。はじめに「新評社」と言われたのを「新潮社」と聞きちがえたのだ。聞きちがえの理由もはっきりしている。私の頭の中では小林信彦という名前は、新潮社、文藝春秋、角川書店、集英社というようなビッグ・ネームとしか結びつかないのだった。つまり私はこの古い友人の文学的出世をすっかりヒガんでいるのである。

小林さんの最初の著書は一九六三年に校倉書房から出た『喜劇の王様たち』である。それは雑誌『映画評論』の六一年二月号から六月号に連載された「喜劇映画の衰退」という長い評論が中心となっていた。

この評論を雑誌で読んだ時のひどく驚いた記憶は今も新しい。なにしろ当時の映画雑誌ときたら、花田清輝、安部公房、鶴見俊輔、福田定良などの文学者、哲学者が華々しくも難解な論陣をはり、一方六〇年安保闘争の熱気を受けて政治的な映画の見方が強い影響力を持っていて、私などはその両方に反撥するかたちで、ようやく映画をつくりはじめ、非難に応えるためにやむなく生硬な文章も発表するという羽目におちいっていたのだが、ともかくその時代の合言葉は「変革」、あるいは「革命」、あるいは「発展」であって、「衰退」というタイトルで文章を発表する人間がいるなどということは、まったく想像を絶していたのである。

しかし二回、三回と読み進んでゆくうちに、この論文がおそるべき力を備えていることはすぐわかった。たわいない思いつきと甘ったれた願望だけをぬたくった評論が横行しているなかで、これは怖るべき博識に裏付けられた細緻な実証と、その上に組み立てられた強固な論理と過激な意見を併せ持った大論文だったのである。

そして私たちは会った。小林さんと私はおない年で二十八歳、『映画評論』の編集長だった佐藤忠男も三十歳になるかならずだった。

しかし、当時『ヒッチコック・マガジン』の編集長であった小林さんは、そのせいかどうかは知らず、すでに十分な大人の知慧を備えていると私には見えた。つまり小林さんは誰から見ても兄貴に見えるのである。そのころの新宿の酒場では、『週刊読売』の記者を辞める前後の長部日出雄に対する小林さんの兄貴ぶりは印象的だった。

小林さんのそうしたところがどこから来るのか、私はさぐろうともしなかったが、六三年に編集長をやめ、『虚栄の市』、『汚れた土地』と経て、初めて小林信彦名義の『冬の神話』で私小説とも読める作品に会った時、はたと思いあたるものがあった。

その後『ある晴れた午後に』を経て、オヨヨ、唐獅子の快進撃が始まる。

その快進撃がはじまる時期に、『喜劇の王様たち』を改稿、改題して『笑殺の美学』が出版されたのはまことに時宜を得たことであった。新著には「喜劇映画の衰退」とともに、あらたに「喜劇映画の復活」が書き加えられたのである。

小林さんの七〇年以後の大活躍は、喜劇映画の復活と二つの私小説が出会って起った大爆発である。

ところで『笑殺の美学』を出したのは大光社という小出版であり、題をつけたのは当時そこから『青春』という本を出したばかりの私であった。大光社はまもなくつぶれ、そこにいた佐藤嘉尚はやがて『面白半分』をつくり、『四畳半』裁判の被告となり、今は「大ピ連」となる。

そのころを境に、小林さんと新宿の酒場で会うことはほとんどなくなった。その少し前だったか、小林さんの結婚のパーティのあと長部日出雄と飲んだ昼間の酒は生涯忘れがたい。

映画監督にとっては世界中の人間は全部映画批評家でいてほしいのであり、特に自分の映画をほめてくれる映画批評家でいてほしいのである。

その時大荒れに荒れた長部日出雄もまた、それから数年後には直木賞をとった。その時ふと頭の中に浮んだ駄句。

「友がみな作家となりぬ年の秋」

重い声――淡島千景

その時、私は松竹大船撮影所の結髪《けっぱつ》の部屋にいた。何のためにそこにいたんだろう。きっと誰か女優さんの髪が仕上がるのを待っていたんだと思う。仕上がれば彼女はかってにセットに来ればいいではないか。それなのになぜ私がそばで待っていて、わざわざセットまで連れていかなければならないのか。撮影所に入ったばかりの助監督の私は、数えれば何百とあるであろう撮影所の不合理の一つにいらいらしていた。

バタバタと男の足音が入ってきて、甲高《かんだか》い声が響きわたる。

「オイ、オイ、まだかよォ！　いったいいつまでかかるんだよォ！　監督、カリカリだよ」

見ると私と同期で入ったばかりの助監督の一人だった。

「あと十分」と、結髪の女性が、不機嫌に押し殺した声で答える。

「十分？　いつでも十分、あと十分だ。それで十分でできたためしがない。いったい何を考えてんだ。ちっとはセットでジーッと待ってる俺たちのことも考えてくれよ。ほんとに十分だな。ストップウォッチ押して待ってるからな」

　と、去りかけて彼は戸口で捨ゼリフのように言った。

「だいたい、大部屋の髪なんて、どうだっていいんだよ！」

「ジュンゴオさん！」

　その時、決して軽くない女性の声が彼を追った。部屋の一番いい席で仕度をしていた淡島千景さんだった。

「ハイッ！」

　ジュンゴオは慌てて振り向いた。愛想のいい笑顔になっている。もっとも出っ歯が剝《む》き出しで、お世辞にも気持ちのいい笑顔ではない。でもせいいっぱい愛嬌を振りまいている。なにしろ相手は大女優だ。

「あんたんとこ、今日は何時終わり？」

「定時です」

　定時とは午後五時、残業なしというわけだ。

「そう、うちも定時なの。終わったらちょっと私の部屋へいらっしゃい」

「ハイッ！」

　それから淡島さんは緊張した部屋の空気を和らげるように声を落とし、私に向かっ

て、

「そう、大島くんも、できたら一緒にいらっしゃい」

「はい」

ほぼ定時で仕事が終わって、助監督室にもどるとジュンゴオが待っていた。その四月に入社した十一人の助監督の中で、ジュンゴオは目立った存在だった。もっとも十一人といっても、合格者の一人は結核が重くなって一日も出社しないまま退社し、一人は一週間の教育期間が終わったコンパの夜、なぜか帰るべき東京とは反対方向へ歩いていて、東海道線の列車にひかれて死んで、私たちは九人になっていた。平凡なその姓を嫌ってか「俺のことはジュンゴオと呼んでくれ」と言ったジュンゴオは、その名をすでに淡島さんにも覚えてもらっているほどの、ひょうきんで都会的な慶應ボーイの人気者であったが、その濃いひげが疲れてくると凄味をおびてきて、一種不吉なかげがささないではなかった。

「説教かなぁ」

淡島さんの部屋へ向かう途中、ジュンゴオは憂いをふくんだ声でそう言った。

そして私たちは淡島さんの前に正座した。

「ジュンゴオさん。あれはいけません。あなたは今日結髪を急《せ》かした。あれはいけません。大島くんは何もないけど、せっかくだから一緒に聞いといてちょうだい。たとえ大部屋女優であろうと、髪は女優のいのちです。髪がうまくいってないと思ったら、女優は心が乱れていい演技ができません。女優が自分で満足できるまで、一時間でも二時間でも、いや何時間でも待ってあげるべきなのです。絶対に急かしてはいけません。わかりましたね」

　そのあとジュンゴオと私はどんな会話を交わしたか。私は記憶がない。しかし私たちはほとんど言葉を交わさなかったのだと思う。あるいはジュンゴオは重苦しさを打ちはらうべく、ひょうきんなひと言かふた言を言ったかもしれない。しかし私には言葉がなかった。私は感動に打ちのめされていたのである。

　髪は女優のいのち、ああこんなにも、髪を、そして女優であることを大切にしている人がいるのか。それは私が撮影所に入って初めてみつけた感動であった。人間は感動しなければ生きることができない。それまで私は撮影所の中で死んだ人間だった。命じられるままに機械的に仕事をしていただけだった。しかしこの時から私には自ら進んでする仕事ができた。女優の髪を守ること、女優を守ること、ひいては女を守ること。

　そしてそのことは映画監督としての私をつくってくれた。人間としての私をつくってくれた。今、地球上のどこへ行っても、私がそのような人間であることを、女性たちは即座に見抜いてくれる。すべてはあの日から始まったのだ。

淡島さんはきっと覚えてはおられぬだろう。あの時、淡島さんは宝塚を出てからすでに十分な映画のキャリアを積まれていたとはいえ、まだ三十歳になるやならずであったと思う。しかしあの当時の大女優はすでに、これだけの威厳を備えていたのである。言葉だけではなく、その人間的威厳が私を動かしたのである。

ジュンゴオはそれをどう受け止めたのだったか。ともあれジュンゴオと私はその翌年、他の五人の仲間と計七人で、撮影所の中での私たちの状況を切りひらくべくシナリオの同人雑誌をつくることにした。そしてその第一号が出た正月が明けてまもなく、ジュンゴオは第二号のための原稿を残したまま、雪の軽井沢に入り再び還《かえ》らなかった。

御家族による懸命の探索も空しく、私たちも諦めに近い心境になり、「ジュンゴオはどこかでケラケラ笑いながら生きてるよ」と言い始めた頃、軽井沢の雪が融《と》け、彼の死体は発見された。なんという偶然だったろう。私はシナリオ同人雑誌の他の二人の仲間とともに、その時ロケ撮影のため軽井沢の宿にいたのだった。ジュンゴオの所持していた手帳から身元がわかり、私たちは確認のため警察から呼ばれて行った。死体は雪に冷凍されて黒いミイラとなり、カラスがついばんだ身体の柔らかい部分だけが赤かった。私は淡島さんの前に二人で正座した日のことを思い起こしながら、ぐっと唇を噛み締めていた。俺は生きるぞと思い定めていた。

曇りない笑顔——美空ひばり

二月の利根川の水は冷たかった。

私はその川の中に落ちたのだった。

映画の撮影中である。小舟を漕《こ》いでいる美空ひばりを撮っている。のちに歌謡界の女王と言われるようになる彼女だが、その時は十六歳、ひばりちゃんである。小舟といえどもひばりちゃんが漕げるわけはない。岸に沿って動かし、舟の前方からは綱で引っ張り、後ろからは押すのである。前の年の春に助監督として撮影所に入り、やっと正月を越したばかりの私は、その後ろから押す役目をやっていた。

そして、力あまって川に落ちたのだった。岸といってもコンクリートで固めた船着場だから川底は深い。ズブズブズブと沈んでも足はつかない。頭まで水の中だ。冷たいと感ずるよりも、まず、しまったと思った。大慌《あわ》てで足をバタつかせて浮かび上がり、顔を水上に出す。

その時、最初に眼に入ったのが、大笑いしているひばりちゃんの姿だった。ケラケラと何の屈託もない笑い声、何の曇りもない笑顔だった。私はその笑顔を可愛いと思い美しいと思った。

私は今もあの笑顔を忘れない。

それには理由がある。私がその時、ひばりちゃんの笑顔を可愛い、美しいと思えたことが、私にとってこの上なく大事なことだったのだ。一年前だったら私の感じ方は違っていた――。

一年前、私が撮影所へ入って初めて助監督として仕事についたのが、なんと、やはりひばりちゃんの映画だったのである。いや私にとっては「ひばり」の映画だったのである。

私は映画に希望なんか持っていなかった。映画青年でもなかった。ほかの就職試験に全部落ちて、やむなく映画会社の助監督などになったのだった。それだけでも屈辱だったのである。

その上、「ひばり」の映画とは何事だ。映画青年ではなかったけれど、終戦直後の日本で青春を生きた若者の常として私も映画を見ていた。その中には私が肯定できる映画もあった。私が撮影所の試験に合格しながら、なお入社すべきか否かためらっていた間に見た映画に、木下恵介監督の『女の園』というのがあった。それは京都の女子大学の学生の反抗と挫折を描いていて、その中で、私がかかわっていた「秋の京大の騒ぎ」が言及されていたのだった。私はそれをかすかなよすがとして撮影所に入る決心をした。

　それなのに「ひばり」の映画に出てくる大学生は、中学生であるひばりの家庭教師なのだが、授業が終わるとただただひばり相手にランランランとダンスにふけるばかりだった。彼の口からは日本の未来についても、青年の生きる意義についてもひと言の言葉も出なかった。私にはそんな学生の存在は恥だった。私は日本の学生を代表しているつもりだったのだ。私は学生時代にし慣《な》れた演説を思い出し「我ら京都府学連四万の学生は……」と口の中でつぶやきを繰り返した。……決してあのようにあってはならない、と言いたかったのだ。

　横浜へロケーション撮影に出た日、そこはひばりの家のある土地だったので、ファン、アンチひばりひっくるめて大勢の見物客が集まりトラブルも予想されて、彼女の周《まわ》りははじめから警戒厳重だった。私などがそれまでに一度も見たことのない人相の男たちが、彼女を取りまいていた。
はたせるかな、野次が飛んだ。

「魚屋！」

　それは単に彼女の生家の職業を言っただけだったが、悪意ありとみたのだろう。異相の男たちが数人パッとその声のほうへ駆け寄り、群衆の中からまだ少年といってもいい若い男を引っ張り出し、数発の鉄拳をくらわせた。たちまち倒れた少年はそのまま男たちに引きずられて、私の視界から消えた。

私は、何という世界に自分は入ってしまったことかと思った。私はあの異相の男たちとともに働いているのだ。それは屈辱だった。その夜、ロケ宿で先輩助監督のいびきを聞きながら、ああこのような世界は耐えがたい、やはり私は象牙の塔にいるべき人間だったかと思い悩んだ。しかし私を石もて追った大学や、京都へ帰ることもまた屈辱だった。

悩みは四、五カ月続いたが、そのうち仕事に没入することで悩みを忘れる術《すべ》を身につけ、その上、かすかなオアシスを感じさせてくれる監督やスタッフとの出会いもあって、ともかく撮影所を去ることなく、最初の年の暮を迎えたのだった。そしてその頃ひばりちゃんとの二度目の映画の話があり、その頃はみんなと同じようにひばりちゃんと素直に言えるようになっていた私は、それを受け入れ、しかもそのような映画には先輩たちはつきたがらなかったし、ついた先輩が途中で抜けることもあったりして、現場の中心として働いていたのだった。そして、利根川へポチャンとなったのだった。

一年前の私だったら、冷たい水中から顔を出して、笑っているひばりちゃんを見たらカッとして「何だ、この子は。人の災難を、人が一所懸命にやっての失敗を、ケラケラ笑いやがって」と怒ったはずである。しかし私は怒りはしなかった。しかも無理に怒りを抑えつけたのではなく、自然にそうなった、そうなっていたのである。なぜそうなったか、あとで考えてみると、その失敗はドジではあるけれど、たいしたことではない、しかもおかしいことなのだ、笑っていいではないか、笑うほうが健康で自然なことなのだ、ということが素直に受け入れられる状態に自分がなっていたということだったのだ。

ロケ宿にいったん帰してもらい、乾いた衣服に着がえて再びロケ現場へ帰る時、私は、これでもう何の悩みもためらいもなく撮影所の中で生きていけるぞという自信と勇気に満ちていた。

二十五年後、大阪の朝日放送の「スターと私」という企画で、一人のスターを選びその人とのかかわりを語る番組をつくってくれと言われた時、私はためらわずに彼女を指名した。

彼女ももはやひばりちゃんではなく、女王であり、それより皇太后といったほうがいい存在だったが、快く応じて私との対談で真情を語り、また私の切なる希望のままに大ホールでたった一人の観客である私のために、三曲の歌をうたってくれた。

「大庭組」専属助監督――大庭秀雄

「どうでしょう、彼はいい映画が撮れるでしょうか」

と、私は大庭《おおば》さんにたずねた。

私が松竹大船撮影所の助監督というものになって、最初の正月を迎える前後のことだったと記憶する。

私は何がなんでも映画界に入りたいとか、あるいは映画監督になりたいとか、そういう熱烈な希望を持って撮影所に入ったわけではなかった。要するにほかに職がなかっただけのことである。だから助監督という職業の現在についても未来についても、何の展望も持っていなかった。

それで撮影所に入ってまずびっくりしたことは、助監督というものが一つの自立した職能として認められているのかどうか、はなはだ怪しいということだった。たしかに製作部の一角に助監督室と称する小さな部屋があり、そこには一人一個のロッカーが与えられているのだが、それを除く空間は座れば十人ぐらいしか収容できず、全員で六十人近くいる助監督のうち仕事についている者は、朝各自のロッカーに必要な所持品の出し入れをすますと、片隅のデスクに座っている連絡係の女の子に挨拶をして、早々にそれぞれの「組」の現場へ散ってゆくのだった。

　そういう構造は、私たちが身分的には松竹の社員であり、職能的には大船撮影所の助監督室に配属されているものの、実質的には××組というある監督を頂点とした製作組織の中でのみ一個の職業人として機能しているに過ぎないことを示すものであった。そしてある助監督と同じ組で働く機会が重なるにしたがって、その組との関係というか従属性が強くなり、ついには××組「専属」の助監督と呼ばれるようになる。

　もっとも、入社したばかりの助監督はすぐ「専属」になるわけではない。下働きとして使いやすい彼らは一本の映画が終わるとすぐほかの映画へとたらいまわしにされる。そのうち気の合う組に出会うと、この次もという約束が交わされ、準「専属」ふうになってゆく。しかし下っ端のうちはその合間にはほかの組の仕事もせざるを得ない。それに基本給は安く残業料は高かったから、みさかいなくどんな仕事でも引き受けたほうが経済的にはうるおう。

　しかし、その一方、気の合う監督といい仕事をする喜びは金にはかえがたい。それに撮影所内で力のある監督の専属とみなされることは、その助監督のステータスともなる。それは監督となるチャンスを与えられるための近道となるかもしれない。こうして能力のある（と自負する）助監督はみな一定以上の力のある監督の専属になっていく。そうなると監督の次の仕事の準備があると称してほかの仕事につかない。結局そうした一種の出世競争に敗れた脱落者と新入りだけが、次から次へとつまらない監督のつまらない仕事の助監督として酷使される。

若い私にはこれははなはだ不合理に見えた。私は専属制を廃止し、完全順番制を実施すべきであると考えた。新しく仕事に入る組には、現在仕事をしていない助監督のうち、長く休んでいた者から順番につくというシステムにすべきだと思ったのである。しかしそんな提案が先輩たちに受け入れられるはずはなかった。そこで私は同期入社の仲間の間だけでも、それを実施しようとした。しかしそれも時すでに遅かった。私がこのことに気づき提案をしようと思った時、仲間たちの何人かは「おれは何組だ」とか「ぼくは何組以外やりたくない」と言い始めていた。

やむなく私は、これは後の話になるが次の年に新しい助監督が入社してきた時、彼らのうちの何人かを煽動して専属制の弊害を説き、「私たちは完全順番制でゆくことを宣言します」と言えとたきつけた。これは成功し、先輩たちも「変な奴らだな」という眼で見たが、「それはそいつらのかってだろ」と容認した。しかしこの理想主義は、一人が当時飛ぶ鳥を落とす勢いだった木下（恵介）組につき、次もやりたいと宣言した時、あっけなく崩れ去った。

これくらい撮影所の中でどの監督につくかは助監督にとって大変な問題なのであった。私は封建的な徒弟制度には断乎反対だったので、専属の助監督になどなりたくないと思ったが、撮影所の中である程度以上快適に仕事をし生活してゆくためには、ある組と最低でも一種の専属（的）関係をつくらねばだめであるということは、まもなくわかった。

そして結果的には入社して三本目に大庭秀雄監督についたのが縁となり、監督になるまでの五年間の大庭作品には全部ついたから、専属であったといっていいだろう。ほかには四人の監督の仕事を一本か二本ずつやっただけである。

なぜ大庭組になったか深く考えることもなかったが、今にして思えば、二、三の理由があった。まず第一は大庭組の助監督編成の異常さだった。普通助監督は四人なのだが、大庭組は五人。二十二歳で一番下っ端の私の上にいる四人は全部四十歳を越えていた。これでは監督やスタッフの期待は私に集まろうというものである。期待されて嬉しいから私も応《こた》えようとした。

撮影所の中での大庭監督のポジションもよかった。飛ぶ鳥を落とす木下組、最長老の小津（安二郎）組、一部の熱狂的支持者を持つ渋谷（実）組ほどの権威はなかったが、大庭さんは『帰郷』などの文芸作品で賞と名声を得たあと『君の名は』三部作を大ヒットさせ、典雅で皮肉屋の紳士として撮影所内外での敬愛を集めていた。その大庭さんの助監督ということで誰もが私に一目《いちもく》おいてくれた。

撮影所の近くのレストランや、所内の食堂の二階の喫茶室、そして時には茅ヶ崎のお宅を訪ねて、私は大庭さんのおしゃべりのお相手をした。大庭さんはコーヒーが好きでお酒は呑まなかった。私は田舎がロケ先だった時、チーフ助監督に命じられて今でいうコーヒー・メーカーを持参したことがある。

戦争で青春を犠牲にし四十歳を越えて初めて監督することになったそのチーフ助監督のために、私は冒頭の質問をしたのだった。

「大島君」

大庭さんの眼鏡の奥の眼が光った。

「××はいい奴だけど……。なにしろ礼儀知らずだからねぇ。うちへ来たって、玄関先の挨拶さえロクにできないんだから」

そして大庭さんはカラカラと笑った。

玄関先の挨拶とは映画の導入部ということだろう。人間の生の普通の手続きが映画用語の基本であり、映画はしょせんその監督の人柄であることを、大庭さんはジョークの中で私に教えてくれたのだった。

敵から学ぶ――永田雅一

私が永田《ながた》雅一《まさいち》さんについて書くと聞けば、古い映画人はみな「何だ、大島は。永田さんと関係ないじゃないか」と言うだろう。事情にくわしい人たちは「大島にとって永田は敵だったはずだよ」と言うかもしれない。そしておそらくこれは両方ともあたっているのだ。

しかし、人生には一瞬の出会いというものもあり、敵から学ぶということもある。だから私はここに書かせていただく。

永田さんはひと口で言えば、戦後の日本の映画界に君臨した人である。彼が社長をしていた大映は松竹や東宝とくらべれば歴史も浅く戦争中にできた小さな会社で、映画界には松竹の城戸《きど》四郎をはじめ先輩も多数いたが、映画の経営者といえば人々は永田雅一を思い浮かべるのが普通だった。

彼は「ラッパ」というあだ名を持っていた。大会社の社長があだ名を持っているというのがすでに異常である。彼は機会あるごとに自分の見解をかくすことなく、得意満面で披露することをためらわなかった。

　昭和二十年代のある年、彼の会社大映は六割という驚異的な株主配当をやってのけた。その時彼は誇らかにこう言ってのけたと言われている。

「いやあ、客が来る。客が来る。何をやっても客が来る。このままだと真っ白いスクリーンそのままでも客が来るんじゃないか。しかしそれじゃあんまり悪いから、映画《シャシン》をかけてやっているんだ」

　これはどう考えても傲慢の限りである。しかし彼にはどこか憎みきれないところがあったようである。「また例のラッパが……」と人々は、憎むより前に呆れ、そして笑った。短軀《たんく》、メガネ、チョビひげ、頭もかなり薄くなりかけていて、ヒトラーのお笑い版といえないこともなかった。京都の撮影所の案内係から出発して（暴力組織の若き構成員だったという噂もあった）、戦争中の軍と政府による映画統制のどさくさに乗じて、菊池寛をトップに据えて自分の大映をつくってしまったという苦労人の経歴が、おのずからなる魅力を彼の人格に与えていたかもしれない。

　彼はいつのまにか政界にも隠然たる勢力を持つようになった。有名なのは、戦後吉田茂と鳩山一郎との間で分裂していた保守政党が合同したあと、ある時次期総理大臣を誰にするかの談合が行なわれて、総理を決めるだけでなく、その次は誰、そしてさらにその次は誰ということが約束された。そしてそのことは書面になり、当事者をふくむ四人が署名したのだが、その四人の署名者の一人が永田さんだったという話である。

　さて私は昭和二十九年に松竹大船撮影所に助監督として入り、三十四年に『愛と希望の街』で監督としてデビュー、その翌年『青春残酷物語』をつくって「日本のヌーベルバーグ」ということで世の中に知られる存在になった。ここまでは永田さんと何の関係もない。しかしその秋『日本の夜と霧』が封切後四日で上映中止となり、私がそれに抗議して会社を辞めるということになると、永田さんを頂点とする日本映画の体制と鋭く対立することになった。

　当時、六つの映画会社の間には協定があり、他社の新人を引き抜かないという規定があった。これは主として俳優を対象としたものだったが、新人監督の私もそれに該当した。またある社とトラブルを起こした者は他社では使わないということになっており、私はどこへも行けないことになってしまったのである。二十八歳、小山明子と結婚したばかりの私は、松竹を辞めるとどうしても、なかばただちに路頭に迷うことになった。

　しかし私の意志は固かったし、世の中には表もあれば裏もある。うちへ来て監督しないかというプロポーズが三つも来たのである。そのうち二つは東映と大映から来た。もちろん会社そのものからではなく、人を介してのものだったが、いずれも「六社協定の枠からはずれれば」という条件つきである。しかし「六社協定の枠」はいつはずれるか、どうやったらはずれるのか、誰がはずしてくれるのか、何一つわからない。そこで私はもう一つの提案、独立プロで苦労してきた二人の若いプロデューサーが新しくおこした会社が大江健三郎の芥川賞作品『飼育』を映画化する、という企画に乗った。

ところがそれを完成して封切する段階になると再び「六社協定」が壁となった。六社にかかわりがある映画館では上映してくれないのである。六社以外の映画館はほとんどない。プロダクションはその一作きりで、あっさりつぶれた。

その年の暮、新人協定による私の六社パージは解けた。「あんまり大島をいじめているようでみっともないからと、私が会議で主張したんだ」と東宝の藤本真澄さんが教えてくれた。

次の年になって私は東映京都撮影所へ行き、大川橋蔵さん主演で『天草四郎時貞』を撮った。そしてそのすぐあと大映京都撮影所で、山本富士子さん主演のスタンダール著『カストロの尼』の翻案『尼と野武士』の準備に入った。私はその時初めて永田さんに会ったのである。永田さんは快活であり決断が早かった。私はこの仕事をやれることを喜んでいた。『飼育』も『天草四郎時貞』も不運な作品であった。今度こそ成功しなければならない。

しかし運命の神はいつも風のように現われて人の横っ面をひっぱたいて去ってゆく。私が永田さんの生涯忘れられないひと言を聞いたのは、この映画の製作が中止されると発表された会議の席上だった。もちろん中止の理由は告げられないし、聞くこともできない。永田さんは中止を告げたあと私にこう言った。

「大島君、悲しむのはよそう。人生にはうまくいかないこともある。しかし我々映画人にとってありがたいことは、我々の仕事は、健康で才能がある限り、いつかまた必ず一緒にできることだ。それを信じて頑張りたまえ」

その後私は永田さんと一緒に仕事をすることはなかった。それどころか永田さんを頂点とする体制は、いつも私の敵であり続けた。特に著作権法の映画に関する規定が製作者側に有利に、監督をはじめスタッフや俳優に不利に決定されたのは、永田さんの政治力によるものと私は考えている。

しかし「健康で才能がある限り、いつかまた必ず一緒に仕事ができる」という言葉はいつも私を慰めてくれた。挫折と困難の連続であった私の人生には、多くの悲しい別れがあった。そのたびに私はこの言葉を述べて友と自分を慰めた。

永田さんを最後に見たのは後楽園球場だった。一時期球団のオーナーだったのだ。私は駆け寄って声をかけるべきだった。しかし少し曲がった背中がためらわせた。私はそれを悔いている。

カンヌへの道——アナトール・ドーマン

アナトール・ドーマンの死は、まことに素っ気ない事務的なかたちで、AFP電を通じ四月、日本に報じられた。

肩書には仏映画プロデューサーとある。

「ポーランドのワルシャワ出身。三十年以上映画製作にたずさわり、ジャン＝リュック・ゴダール（仏）や、ヴィム・ヴェンダース（独）など欧州各国の映画監督の作品を手掛けた。製作にかかわった主な作品にアラン・レネ監督（仏）の『二十四時間の情事』（五九年）、大島渚監督の『愛のコリーダ』（七六年）、フォルカー・シュレンドルフ監督（独）の『ブリキの太鼓』（七九年）、ヴェンダース監督の『パリ、テキサス』（八四年）などがある」

なるほど、簡にして要を得ているといえばいえる。しかし、ここに名前があがった監督だけでも五人、国にして三カ国になる。それがどれほど幅広い舞台での活躍であったか、想像できる人はいないだろう。そのことを書くべきなのである。まさに世界を股にかけて映画をつくったのだ。どうしてそれが可能であったのか。それは本人以外誰も知らない。

本人以外誰も知らないといえば、いったい彼は何の病気で死んだのか。AFP電には心臓発作のためとある。ばかやろう、人間は誰でも最後は心臓が止まって死ぬのだ。心臓発作のためと言われても、何もわかりはしない。

私は三月、直接話したわけではないが、明らかにアナトール・ドーマンが健在であるという消息を得ていた。

折しも、パリではシネマ・ド・リエル（毎年パリのポンピドー・センターで催されるドキュメンタリーの国際的な映画祭）が開かれる時に当たっていて、今年は日本の特集が組まれることになっていた。私のドキュメンタリーも二本上映されることになっていて、招待されていたのだが、スケジュールの都合で行けなかった。

と、直前になって連絡が入り、ドキュメンタリーだけでは寂しいからというので、私の『絞死刑』を上映したいという。プリントはアナトール・ドーマンのアルゴス・フィルムにあることはわかったが、上映の権利はもう切れているので、オーシマの許可がなければアルゴスは貸出しできないと言っているという。その許可を得たいという連絡だった。

つまり、その交渉をシネマ・ド・リエルとアルゴスのアナトール・ドーマンはちゃんとやっていたわけで、それまで彼は何の異常もなかったということになる。

私はその話をフランス映画社社長の柴田駿さんとしながら、二人はそのことにひと言も触れないまま、アナトール・ドーマンの身体を蝕《むしば》んだものが何であったか、正確に思いあたっているのだった。

それは、アナトール・ドーマンと食事をするたびにというか、食事を終えるたびに繰り返される光景だった。食後のコーヒー、もちろんそれはフランスふうに小さいデミタスのカップで出されるのだが、ドーマンはなんと、その小さいカップの中に角砂糖を三個も四個も入れるのだった。

それは、コーヒーにたくさん砂糖を入れるという言葉では正確な表現にならない。むしろ砂糖の上にコーヒーを注いでいるという光景だった。当然、コーヒーを飲んだあとのデミタスカップの底には、砂糖がそのまま残っている。その砂糖を指でしゃくり上げてなめるのである。そしてコーヒーカップがきれいになると、もう一杯と再び砂糖づけのコーヒーが彼の胃袋に入っていくのだった。

そんなふうに食後のコーヒー（というより砂糖）に圧倒されるものだから、ドーマンと酒を呑んだということは、あまり記憶に残っていない。しかし、私はもちろん酒なしで食事をすますことはない男なので、毎回呑んでいたことは、たしかなのである。

しかし、何を呑んでいたのか。そうそう、ドーマンは日本酒が嫌いではなかった。その頃パリでは珍しかった日本酒を持っていくとドーマンは喜んだので、柴田さんも私も、日本から手土産にけっこう日本酒を運んだのである。

日本酒には日本料理が合うとドーマンは思っていたのかどうか。とにかく、ドーマンの食事ということになると、刺身の大皿盛りになることが多かった。その頃はまだ、パリでは日本料理は珍しかったにもかかわらず、いつも大皿盛りの刺身が出る店に行くか、あるいは自宅へそれを取り寄せるかして振る舞われることが多かった。あれは、日本人である我々を賓客《ひんきやく》としての、特別のサービスであったのか、それともドーマン自身の食生活の好みであったのか。それをたしかめようといつも思いながら、ついにその機会は逸してしまった。

最初に言ったように、ドーマンはいちおう国籍の上ではフランス人であったが、その活動範囲はヨーロッパから、もともとの出身であるポーランドをふくみ込んで東ヨーロッパにおよび、さらに私たちを介して、東洋趣味ともいうべき幅広い人間としての嗜好の拡がりをみせたのであった。そうした嗜好のおもむくところ、彼は舌なめずりするという言葉が当てはまるほどの貪欲《どんよく》さを見せるのであった。

ドーマンは、私がそれこそ生まれて初めてつきあうヨーロッパのプロデューサーであったのだが、そのことをフランス映画社の柴田さんと川喜多和子さんは、いったいいつ決めたのだろうか。私がヨーロッパへ、そしてカンヌの国際映画祭へ初めて行ったのは一九六八年、パリの五月革命でヨーロッパがゆれている年だった。私は『絞死刑』を持ってカンヌへ行ったのだけれども、カンヌはなかばにして造反で中止となった。しかし、柴田さんはそのままカンヌに残り、ドーマンの手によって、フランスで上映されることを決めて帰ってきた。それが私の映画のヨーロッパでの出発だった。

それは映画の輸出入業者としての柴田さんと川喜多さんの出発でもあった。二人は何の根拠でドーマンを選んだのだろう。

「彼はアラン・レネの『夜と霧』で出発しています。恐るべき早熟の天才でジャン・ジュネの親友だったそうです」

と柴田さんは説明した。

私は『夜と霧』には異議なかった。その歴史的なドキュメンタリーからの出発は、アナトール・ドーマンの生涯をみごとに方向づけているものであった。しかしジャン・ジュネの親友とは？

「大丈夫ですか？　大島さん。ドーマンと二人だけでいても」

私はときどきそう言っておどかされた。ふふふ、とドーマンは嬉しそうにジョークをみつけて笑うことはあったけれども、二人の間には何事もなかった。ドーマン夫人のパスカルも、娘のフローランスも、それぞれに自立した映画人であった。

「ジャン・ジュネの親友」であることを、もちろんドーマンはひと言も弁明あるいは説明しようとはしなかったけれども、もしそのことを言うとすれば、もっとも誇り高く言うであろうことが、私には『愛のコリーダ』を一緒につくったあと、よくわかった。そして私もその親友の輪の中に入れてほしいと、心から思った。

心の驕り——佐藤 慶

「佐藤慶さんは創造社じゃないんですか？」

何人かの人にそう言われたことがある。びっくりしたように、あるいは、呆れたように。いかにも意外だといわんばかりに。

私が監督になったばかりで松竹を辞め、創造社という小さな独立プロダクションをつくって、そこをささやかな拠点として映画をつくっていた頃である。

もともと独立プロなんてものをつくる気はなかった。それをつくったのはやむを得ず、である。本来、松竹を辞める気もなかった。監督になって一年たったばかりの頃である。当時は辞める私に一〇〇パーセント理があると思っていたが、今になって考えると必ずしもそうとばかりはいえない。若気の至りであったともいえるし、時の勢いでそうならざるを得なかったともいえる。

辞めてまず第一に困ったのは、場所がないことだった。人に会うにも場所がない。

いちいち喫茶店かなにか決めて人に会わなければならない。これは何がなんでも事務所ふうのものを持たなければならないということになった。

もちろん、自分の家で人に会うこともできる。新婚早々だったから赤坂の仮住居は二間しかないのに、いつも来客がごろごろしていた。藤沢に建てていた家がその年末にはでき上がって、そこも友だちが襲撃してくるようになったが、まさかすべての来客を藤沢まで呼ぶわけにもいかない。

私が松竹を辞めると同時に、松竹での仕事がなくなった人間が何人かいた。まず第一に新婚早々の女房、小山明子である。亭主が会社を辞めたからといって女房までというのはおかしな話だと思うし、また小山は当時私よりはるかに高いギャラをもらっていて、もしそのまま松竹の映画に出ないとすれば、その契約本数のギャラはもらって当然なのだが、会社ははらおうというそぶりも見せなかったし、また淡白な小山はそんなこと全然無関心という顔をしていた。その彼女の仕事のためにも事務所は要る。

それから私の大学時代からの友人で、大阪の高校の先生をしながら劇団をやっていたのを無理矢理引き抜いた戸浦六宏。劇団新演所属の俳優で、なぜか私と気が合うというか、とにかく私をみこんで、いつのまにか新演で芝居をするよりも私の映画に出ることを選ぶようになった小松方正。

それに行きがかり上、私と一緒に松竹を辞めることになった石堂淑朗と田村孟。

もっとも、一緒に辞めたといっても、たとえば同じ日に辞表を書いて持っていったとかそういうことではない。第一、正式に辞表を出したかどうかも定かではない。なんとなくかってに辞めてしまったというのが、正確なところであろう。ともかく、その五人と私をふくめた六人の連絡場所としてつくったのが創造社だった。

慶さんは、単に監督としての私対俳優としてみれば、大島対戸浦あるいは小松と同じように見えたかもしれない。しかし、実質というか俳優としての立場からみれば、全然違うところからすべてが始まっていた。

私は初めて慶さんに会った時のことをよく覚えている。それは、『青春残酷物語』の俳優選びの面接だった。主人公の川津祐介にからむ若いヤクザというか、愚連隊というか、素性の知れない不良どもを探していたのである。

その頃、俳優座の衛星劇団というのが四つばかりあって、俳優座養成所を出て俳優座に入らなかった若い俳優たちが、それぞれ活発に演劇活動していたのである。私はもともと新劇というものをあまり信用していなかったが、撮影所の大部屋俳優を使わないとすれば、そういうところから探す以外にないというのが、その頃の常識であった。

ことに若いヤクザなどといってキャスティングを進めれば、だいたい候補者としてやってくるのは、いかにもそれらしいヤクザっぽい顔ぶれである。言ってみれば、

「私はヤクザでございます」と言わんばかりの、実際のヤクザが見ても、あまりにも型通りでいやになるようなメンバーしか来ない。

そういう中で、普通は誰も慶さんをヤクザにしようとは思わなかったろう。慶さんは青白く、線が細く、むしろ病弱な影のあるインテリという形でひっそりと面接の席に座っていた。私がその慶さんに興味を示した時、私のスタッフも彼を連れてきた劇団のマネージャーも、一様に不思議そうな顔をしたことを、今も覚えている。

しかし、汚れの衣裳ではなく、むしろお洒落なヤクザ姿になった慶さんは、本当に怖かった。

次の『太陽の墓場』では、女とヤクに溺れている若い医者。そして『日本の夜と霧』では、そういう経験はありませんけどと言いながら、もっとも知的な学生運動家の役がぴたりと決まって、これまた恐ろしかった。

そこまでくると慶さんは、それまでの経歴において私とその仲間とみなされていた俳優たちとは何の共通項もないにもかかわらず、精神的にはどこか根底において繋《つな》がっている、いわば闇の一族とみなされても仕方がない人物として、いつしかその存在感が重くなっていったのだった。

私は松竹を出た後、誘われるままにパレス・フィルムという独立プロで大江健三郎さんの『飼育』を撮り、ついで東映で『天草四郎時貞』を撮った。それぞれテーマは自ら選んだものであったが、製作の現実面では自分の心にそぐわぬところも受け入れざるを得ない仕事だった。

たとえば、松竹にいた時のように、長年いつかこの俳優で、こういう仕事をしようというふうに考えつめてきたキャスティングができるわけではなく、多少不満はあってもその時の勢いで何とかなるだろう、というようなキャスティングをする場合もあった。

今にして思えば、これは若気の至りというよりは、若いがゆえの心の驕りというべきものであって、この俳優でも俺ならば、俺の映画に出る限りは、というふうに高をくくっていたのだった。

そのくせ、私は何事も気に入らないと辛抱できなくなる性質で、しかもその性質をすぐ剝《む》き出しにしても、それはそれでいいやという自暴自棄的になるところがあり、特に気に入らない俳優になると「いいや。こいつはもう。下手なら下手のまま映りやがれ」といっさいの演技指導を放り投げてしまうのだった。

そんなささくれだった気持ちでつくった映画が人を楽しませるはずがない。しかも、私は人が楽しまないと聞くと、そんな奴は楽しんでくれなくてもいいと叫ぶのだった。

映画が終わった後、慶さんから長い手紙をもらった。それは私の辛抱のなさをこんこんと戒め諭《さと》すものであった。

私は手紙の中身にも心打たれたが、それ以上にその字の美しさに眼をみはった。聞けば彼はガリ版の名手で、若き日、そのアルバイトで生計を立てていたのだという。

慶さんはやがて私の創造社作品の主役となり、『白昼の通り魔』の性犯罪者や『儀式』の家父長を演ずる。それは私の自画像といってもいい役柄だった。ちなみに彼はコマーシャル・フィルムに出たことがない。

俘虜と天使――デビッド・ボウイ

デビッド・ボウイが『戦場のメリークリスマス』のロケに参加するために南の島へ現われた時のことを、私は今も鮮明に記憶している。

南の島、それはクック諸島の中心であるラロトンガという。そこでロケすることを決めるまでは私も名前を聞いたこともない島だった。そこはニュージーランドの自治領で、地理的にいえば南太平洋の赤道直下、つまり地図でいえばハワイの真下、フィジーの左隣の絶海の孤島である。

そこでロケすることになったのは、製作費の一部がニュージーランドから出ることになったためである。ある日、金策の話でニュージーランドへ行っているプロデューサーのジェレミー・トーマスから電話がかかってきて、ニュージーランドでロケをすることを条件にお金が出ることが決まったという。

「ニュージーランドでロケだって？　冗談じゃない。もともとはジャワの話だぜ」

「ニュージーランドには赤道直下の島もあるんだよ。地図を見てくれ」

そこで私は、受話器を置いたまま世界地図を広げて、ラロトンガ島を発見した。お金の前には、距離の遠い近いや気候の暑い寒いも言っていられない。即座に私は、「いいよ、いいよ、そこで撮るよ」ということになった。こうして決まったロケ地である。

しかし、そんな絶海の南太平洋の孤島にはたしてスタッフは来てくれるのだろうか。ましてや俳優さんは。特にデビッド・ボウイは。

それがとうとう来たのである。私はその時何をしていたか忘れたが、ともかく仕事を中断してデビッドを出迎えた。

ホテルはラロトンガン・ホテルという、島で一番大きいというか、むしろ唯一のホテルである。この島では三階以上の建築物は許されていないので、ほとんどの宿泊者はリゾートふうの一戸建ちの部屋に泊まっている。その個室が立ち並ぶ道を急ぐと、その向こうからやってくるデビッドと、アシスタントのココの姿が見えた。

実はデビッド・ボウイが何人のスタッフを連れてくるか、問題でもあり、興味と関心の的《まと》でもあったのである。それについてどういう結論になったか、私は何も知らされていなかった。プロデューサーとしてジェレミー・トーマスの参加が決まってからは、そういう事務的な雑用はすべてジェレミーに任せて、私はいちいち関与しないことに決めていた。

　しかし、デビッドほどの大スターが何人のスタッフを連れてきて、そこでどういう態度で暮らすかということは、密かに気にしないわけにはいかなかったのである。それがどういうことだろう。デビッドは大きな荷物も持たず、むしろギター一つ抱えてという軽装で、小柄な女性のアシスタント（と、あとで彼はその女性のことをそういう呼び方で私に紹介した）ただ一人を連れて登場したのであった。

　そしてつい二、三日前に別れた友人がまた会ったねと言わんばかりにあっさりと、彼は、「ここで会えて嬉しい」と言った。それからおもむろに、ホテルと周りの風景を見まわし、

「なるほど、ここで我々はオーシマの俘虜《ふりょ》になって暮らすわけだ」

と言って笑顔で頷いた。私の身体の中から喜びが込み上げてきた。ああ、こいつわかってると私は思った。本当に私はスタッフと俳優さんたちを私の俘虜としてこの南の島へ連れてきたのだと思っていた。私がそういう気持ちでいる限り、そしてスタッフと俳優さんたちが同じ気持ちでいてくれる限り、このロケはうまくいく、この映画は成功すると固く信じていたのだった。

　無上に嬉しくなって緊張した私の硬さをほぐすように、デビッドは言った。

「残念ながら自分はあの約束は守れなかった。ロケが始まるまでに日本語を覚えると

いう約束は」

「私のほうは半分ぐらい約束を守ったよ。私の英語は少しはよくなっただろう」

と私は微笑むことができた。ロケが始まるまでにお互いに英語と日本語を勉強しておこうというのは、ニューヨークでの約束であったのだ。

『戦場のメリークリスマス』の、というよりローレンス・ヴァン・デル・ポストの原作『影の獄にて』を読んで、映画をつくろうと決心した時から、主人公の一人であるジャック・セリアズの役を演ずる人間がいるかどうかということは、私にとって最大の問題であった。俘虜でありながら、その高い精神性によって日本軍将校ヨノイを魅惑してしまうセリアズは、俳優という職業の人間の中ではもっとも発見しがたいものと私には思われた。私はアメリカやヨーロッパの俳優名簿を見ながら毎日毎日絶望を深めてゆくばかりだった。

高名なハリウッドのスターに会えと原作者に勧められて、ニューヨークへ行ったこともあった。その会見はいずれ文章にしたいぐらい好ましいものであったが、結果は実らなかったし、私も実らないことに満足した。しょせん、ハリウッドのスターのやるべき役ではなかったのである。

そこで浮かび上がったのが、デビッド・ボウイであった。送ったシナリオを読んだデビッドからニューヨークへ会いにきてくれと返事が来た。

ニューヨークの舞台で彼は、『エレファントマン』を演じていたのである。ニューヨークへ着いた私のためにそのチケットが用意されていた。私はただ私の映画に出る彼がほしいだけであって、彼の舞台なんか観る必要はなかったのだが、礼儀としてそれを観て翌日彼のオフィスへ行った。

彼が白いシャツブラウスを着て、なぜか右手に水の入ったコップを持って淡々と私の話を聞いてくれた姿を、今も思い起こす。

彼は私の映画では『絞死刑』が好きだと言い、すべて肯定的な方向で話を進めた。英語のセリフをもう少しブラッシュ・アップしたほうがいいと言い、それ以外何の注文もつけず、音楽もやってくれるかという問いには、「いや、今回は演技に専念したい」と答えた。

最後に私は勇気を奮い起こしてギャラのことを切り出した。彼はあっさりと言った。

「まだプロデューサーも決まってないというではないか。それはあとでプロデューサーと話すから、今は決めなくてもいい」

海外の俳優はギャラが決まらなければ何一つ始まらない、と私は長年教えられてきた。しかし、人間によって色々あるのだということがその時わかった。それで私たちはただお互いの英語と日本語をブラッシュ・アップして会おうと約束して別れたのであった。

ロケの間じゅう、デビッドはみんなの天使だった。ロケが終わる頃、彼は自分が企画して脚本を書き、撮影の光景を素材にした寸劇をつくって、女性スタッフや俳優の奥さん方に演じさせて、打ち上げパーティの夜を飾ってくれた。それが私には全く知らされずに準備されたのをみても、彼に寄せた人々の親愛がわかるだろう。

ハラ軍曹の数珠――ビートたけし

「ビート先生、ですか。……たけし先生ですか」

「え？」

「どう呼べばいいんですか、あの先生のことは」

私に突拍子もない質問をしかけたのは、大《だい》さんである。大さんは私のスタッフとしては最長老、映画のスタッフとしてのそのキャリアは溝口健二から始まっている。今は装飾と呼ぶが、昔は小道具といわれていた美術の一部門の担当者で、その専門に関しては知らぬことがない、スタッフの中では生字引《いきじびき》ともいうべき存在で、この人がいるといないでは撮影の効率の上でも、作品がどの程度のものになるかについても大きな影響がある。心ある監督はみな、大さんに参加してもらいたいのだが、歳をとったせいか自分の気に入らない仕事はなかなかしようとしない。奥さんが良妻でりっぱな仕事をしており、無理に稼がなくてもいいという理由もある。この、奥さんにも働いてもらえというのは、溝口監督の知恵だったそうだ。こういう知恵は私もためらうことなく学び、スタッフにも同じように教えている。

「ビート先生？　なんだかおかしいねえ。なにも先生とつけなくてもいいじゃないか」

　と私。

「いや、なんと言っても主演ですし、それに他でキャリアのある人ですから」

たしかにいわゆる漫才ブームが始まってから、もう丸二年もたっており、しかもビートたけしにはブームになる前からの長いキャリアがあることは誰でも知っている。大さんが敬意を表したい気持ちはわかる。

「しかし、ビート先生というのはどうもおかしいね」

「じゃあ、たけし先生ですか」

「それもかえってふざけて言ってるみたいでよくないなあ。やっぱり先生は使わないほうがいいんじゃないかな。大さんがそう呼びたければ、ビートさんでも、たけしさんでも、本人はなんら文句はないと思うよ」

　そうこうしているうちに本人が真面目くさった顔で現われ、衣裳合わせが始まった。

　衣裳合わせは監督によってそれぞれやり方が違う。極端に重視する監督と、全然いい加減な監督がいる。私はどちらかというと前者のほうだ。だからといって私が、勤勉な監督であると思わないでほしい。むしろ、その逆だ。

私にとっては衣裳合わせは、撮影の前に俳優さんと顔を合わせる唯一の機会なのである。監督によっては、撮影の前に何度も何度も俳優さんと打ち合わせをするのが好きな監督もいる。そういう監督の下には、また打ち合わせの好きな助監督がいて、打ち合わせを繰り返す。そういう組につくと、俳優さんは撮影が始まる前にもう何もかもわかったような、終わったような気になってしまう。

私はそういうことが嫌いで、打ち合わせはいっさいしない。そんなことでは監督の意図がわからないではないかと言う人がいるが、冗談ではない。私の意図は私が自分で書いたホン（シナリオ）の中に全部表現されている。俳優さんやスタッフはそれを読んでいるのだから、十分理解しているはずである。十分理解していないスタッフや俳優さんがいたらどうするかって。冗談ではない。私の書いたホンを読んで理解できないようなスタッフや俳優さんは、ただちに辞めてもらう。

そんなわけで私の衣裳合わせは、ホンの説明や役柄の解釈の講義の場所ではない。俳優さんが役の衣裳を身に着け、どういう気分になるかを自ら問い、かつその気分を監督に見せる場なのである。

衣裳や装飾や美術監督などのスタッフは、俳優さんが衣裳や小道具を身に着けるにしたがって、どのように役の人物になっていくかを監督に見せるのである。ここで誤解がないように言っておくが、俳優さんは己を白紙にして想定された役柄になるのではない。あくまで、誰それというりっぱな個性を持った人間である俳優さんが、その自分の個性と役の人物の個性の絡み合いの中で一人の人間を生きるのである。

そのようにして創造される人間像は、もはやシナリオに書かれた個性ではなく、あくまでその俳優さんの個性の上に立った一つの人間像なのである。その人間像が魅力的であるかないか、そのことは映画が魅力的なものになるかならないかの境目である。そのことは最終的には実際の撮影の時でなければわからないが、衣裳合わせで役の衣裳を着た瞬間見通しがつく。

軍服を身に着けたたけしさんは、一瞬着心地、あるいは居心地が悪そうだった。しかし、その頃はまだ明瞭にビートたけしの身体的特徴として残っていたチック症状の頸《くび》を痙攣《けいれん》的に振る動作を繰り返すうちに、みるみるたけしさんのハラ軍曹になっていった。私は感動を抑えることができなかった。

ローレンス・ヴァン・デル・ポストの小説を読んで、これを元に映画をつくりたいと思い立ってから、私は何度典型的な日本の農民出身の鬼軍曹ハラのイメージを思い描いたことだろう。ハラ軍曹の顔はまだ俳優さんが決まっていないから定かではなかったけれど、その人物が放つ生物としての臭《にお》いは、もう長い間私の周りに充満していた。その臭いを持つハラ軍曹が今やたけしさんの顔を持って、私の前で二度三度軍刀の素振りをくれているのだった。

「監督」

と大さんの声がして、彼はハラ軍曹の頸《くび》にかけるべく大振りの木の数珠《じゅず》を私に示していた。そして彼が本当に私に見せたいものは、その数珠の先端に吊るされた飾りの中身であるらしかった。大さんはかくしてあるものを見せるかのように、その飾りの中身を私に見せた。それは小さな仏像だった。その頸にかける数珠の末端にぶら下がっている筒の中には、つまりハラ軍曹のなんらかの信仰の対象である仏像が入っていたのだった。

「いいですか、監督」

と言うと大さんは、慌《あわ》ててかくすように仏像を筒の中にしまった。

「いいよ、大さん。しかし、それはきっと映る機会はないと思うよ」

「いいんです。私の気持ちの問題だけだから」

と大さんは満足そうに、その日の自分の仕事を終えたという表情にもどった。

たけしさんはもちろんその数珠を終始一貫、肌身に着けて撮影を終えた。それは、ハラ軍曹が死ぬ日まで身に着けていたということである。しかし、たけしさんが大さんと私とのやりとりを知っていたかどうか、知っていたとしてもそれを意識していたかどうか、私は知らない。

しかし、大さんと私はその仏像に『戦場のメリークリスマス』の成功を祈ったわけではなかったけれども、それはあとでたけしさんが、すべてをジョークの中に葬《ほうむ》ろうと大奮闘しなければならなかったほどの大成功をおさめた。それから十四年、ロンドンで倒れて日本へ帰ってきた私を迎えてくれたのは、たけしさん自筆の、ディレクターチェアに座った私の絵と、

「大島カントク又、現場でどなられる日を待ってます」

というメッセージだった。

ただ一人の天才――武満徹

「おいおい、大島君見たかい」

甲高《かんだか》い中村登監督の声が背中を叩く。

「え？」

「武満徹がうちのセットに来てるんだよ。あの天才武満が」

中村さんは台本を手にした右手を大きく振って、小柄な身体全体で喜びを振りまきながら続ける。

「ところがあの天才ときたらジャン＝ルイ・バローが下痢したような顔してるんだなあ。ジャン＝ルイ・バローが下痢だよ」

季節は忘れたが、昭和三十年代もまだ初めの頃の松竹大船撮影所の昼下がりである。セットでは撮影している時間なのに、中村さんは何でそこを離れて武満徹イコール下痢したジャン＝ルイ・バロー説を吹聴するために現われたのだろう。でもそんな疑念は誰も抱かない。喜びや楽しいことは誰にでも言わずにはいられないのが、中村さんのいいところだということは撮影所中が知っている。

ここでジャン＝ルイ・バローを知らない若い人たちのために、ひと言言っておかなければならないだろう。彼はフランスの舞台出身の名優で二枚目。『天井桟敷の人々』や『しのび泣き』で私たちを興奮させ、感動の涙を絞らせたばかりだった。

しかし「下痢した」というのはいささか余分、あるいはオーバーで、そもそもこの人は彫刻のように彫りの深いやせぎすの二枚目で、いかにも天才と思わせる顔立ちだったのである。

ところで私はこの日、その下痢した天才の顔を見に中村組のセットをのぞいたのだろうか。いや、へそ曲がりの私はきっと行かなかったに違いない。行かなくても私は若き「天才」武満徹の顔はよく知っているつもりだったのである。

そしてその若き「天才」武満が、貧しくてピアノを手に入れることができず、やむなく木の板にピアノの鍵盤を描いてそれを指で叩いて練習していたというエピソードも知っていた。そのエピソードは、そのことを聞いたもう一人の若き（しかし武満よりは少々年長の）「天才」黛敏郎が自分が前に使っていたピアノを贈ったという、我々同世代の芸術を志す人間にとっては胸に食い入る物語となって終わることも知っていた。

そんなことで、私は初めて監督になり一人の音楽家を私のパートナーとして選ばなければならなくなった時、そうした天才の名前を思い浮かべようとは夢にも考えなかったのである。それは途方もなく畏れ多いことだったのである。

「大島さん、音楽は誰にしますか」

とヨッちゃんが聞いてくれた。ヨッちゃんは入社五年目、二十七歳で初めて一本撮ることになった私のために、音楽家を選ぶのは自分の責任であると決めているらしかった。ヨッちゃんこと吉沢博は彼自身作曲家であり、黛さんと二人で大庭秀雄監督の『純白の夜』の音楽を書いたこともある。しかし今は、どちらかというと指揮者に徹していて、その指揮の秒数合わせの天才としての評判のみが広く通用していた。

しかし私は吉沢さんの音楽家としての才能と人柄を信じていたので、彼の選択に快く従うつもりであった。吉沢さんの推薦は山本直純さんと真鍋理一郎さんだった。

「どっちが売れているんですか」

「そりゃあ、ナオズミのほうですよ」

「じゃあ、真鍋さんのほうにしましょう」

真鍋さんは私の期待通りに私の初期の作品のために優れた音楽を書き、特に『太陽の墓場』は絶賛を浴びた。

真鍋さんのあと、独立プロの貧しい映画人となった私のために、音楽家として助力を惜しまなかったのは林光さんである。その頃の私は可能な限り音楽を少なくしたいと思っていたので、林さんに十分な活躍の機会を与えなかったかもしれないが、林さんはそんな中でいくつもの印象に残る音楽を書いてくれた。

　その林さんと交代という形で武満が登場するのだが、それについて忘れがたいシーンがある。それが交代の前だったかあとだったか私には定かな記憶がない。また、その場所が武満の家だったか林さんの家だったかについても定かな記憶がない。ともかく二人がいて、あと数人のきわめてささやかな家庭的なパーティだった。

　食事が終わって酒になり、私もそんなに酔ってはいなかった。林さんと武満は突如というか、ごく自然に二人並んでピアノの前に座り、連弾《れんだん》し始めたのである。その時二人が弾いたのが何の曲であったかは私には記憶がない。しかし何曲か二人は一緒に弾き続けた。二人は楽しそうだった。それは美しい光景だった。二匹の動物が一緒に弾いたとしても、こんなアンチームな雰囲気はかもし出せない。武満がジャン＝ルイ・バローであるにしても、林さんもそうとうな異相である。それはこの世ならぬ生物による、芸術の神に捧げるひと時であった。

　私は二人の交代は正解であったと、その時思った。それからの私は、かつて畏れ多いと思った武満に、私の仕事をしてもらうことをためらうことはなかった。一度だけ彼のほうからためらったことがあった。それは『愛のコリーダ』である。そのためいを彼は後になって悔《く》いていた。そのことがあったせいだろうか、彼は私のドキュメンタリー『日本映画の百年』の時も、快く引き受けてくれた。それが彼との最後の仕事になろうとは。

その後、彼に会ったのは病院へ見舞いにいった時である。彼は退院も間近いとあって活発にしゃべった。ただジャン＝ルイ・バローの相貌はそこになく、一人の上品な老婦人がいると私は思った。思えば四十年、かの若々しい青春のジャン＝ルイ・バローは一度たりとも変わることがなく、老け込むこともなかったのだ。服装の好みも変わらなかった。

次の年の二月、私はベイルートへの慌ただしい旅に出た。そしてロンドンへ着いた時「タケミツシス」の電報が私を待っていた。

私は武満に映画の出演を頼んだことが一度だけあった。それは『儀式』の時である。私たちと同世代の二人の男が主人公であった。「テルミチシス、テルミチ」という電報をもらって満州男は輝道のもとへ急ぐ。二人は従兄弟《いとこ》同士とも叔父、甥《おい》ともつかぬ不思議な関係で、満州男はいつも輝道に対して彼にはかなわぬというインフェリオリティー・コンプレックスを持って戦中・戦後の昭和を生き続ける。満州男の候補者は何人もおり、いち早く河原崎建三に決まったが、輝道をやる役者は一人もいない。思いあまって三島由紀夫さんに頼もうと相談していたロケハンの車が、昼食のために立ち寄った東松山の駅前のそば屋で、私たちは三島割腹をテレビで見ることになる。

私は最後の切り札を出すことにした。私たちの中でのただ一人の「天才」武満徹である。その夜東京へ帰った私は、武満におもむろに切り出した。

「だめです」

武満は真顔で言った。

「僕は満州男です」

希望のカメラワーク――テオ・アンゲロプロスの『旅芸人の記録』をめぐって

このようなカメラワークを、はたして何と名付ければいい？　たとえば、第二次大戦中ギリシャを占領していたドイツ軍が撤退して解放の歓喜にわきたつ一九四四年の暮れ、アテネの広場に集まって歌声をあげる民衆をカメラはうしろからとらえている。民衆がかかげるのは解放のシンボルとしてのイギリスの旗、アメリカの旗、ソ連の旗。突如、銃声が歌をつんざき、人びとは算を乱して逃げまどう。カメラは辻々へ逃げこむ人びとを追って左へパン（回転）する。人びとの姿がなくなってもカメラはパンし続け、三六〇度回って元の広場をとらえる。死体が三つ、四つ。かなり技巧をこらしたカメラワークの映画でも普通はここで終わりだ。しかしテオ・アンゲロプロスはそこで終わらない。長すぎるほど長く死体の横たわる広場をみつめつづけるカメラ。やがてその前をバグパイプを吹く少年があらわれ、死体の傍を横切ってゆく。と、急に死体の一つが起きあがって逃げ出す。旅芸人一座の一人であるアコーディオン弾きの老人だ。カメラは老人を追ってふたたび左へパンをはじめる。老人が消えたあと、広場正面の大通りから新たなデモ隊が行進してくる。今度はすべて赤旗だ。解放軍としてギリシャを占領しているイギリスに対する抵抗の意思を明らかにした共産党系のデモ。カメラはその行進を追ってパンしつづけ、広場を占拠したデモ隊をうしろからとらえる。もとの構図。

占領車を解放軍と思いちがえ歓呼して集まった民衆の上に幻滅の銃弾があびせかけられたあと、どれだけの時間を経て占領軍への抵抗のデモが組織されたか。その物理的時間はもちろんカメラの三六〇度回転の時間と一致すべくもない。にもかかわらずテオ・アンゲロプロスはその二つの出来事をひとつながりのカメラの時間の中におさめてみせる。ここではカメラの時間こそが歴史の時間なのだ。テオにとって二つの出来事はまぎれもなくひとつながりの時間におこったのだ。カメラと歴史把握《はあく》についてのテオの強烈な確信。

その確信の秘密は実はカメラが一回転してふたたびもとの正面に向かい、三つ、四つの死体が点々とする広場をみつめつづけたその時間にあるのだ。テオの映画、テオのカメラワークの特徴はこの『旅芸人の記録』にとどまらず次の『狩人』でもそうなのだが、ある場所でひとつのシーンがあり、そのシーンが終わって人びとが去り、無人となったその場所をなおもカメラがみつめつづけるところにあるのだ。

テオ・アンゲロプロス監督（左）と大島渚

これは映画作法の上での大きな常識破りである。映画監督のほとんどすべては、観客は映画の登場人物を見に映画館に来るのだと固く信じており、人物の出ない画面を使うことを怖れている。時としてお気に入りの風景のショットをはさみこむぐらいのことはしても、人物が登場する前あるいは人物が退場したあとの無人の風景は空《から》舞台と称して、よほど意味ある場合以外は避けるのが常識である。なぜならその画面は人物がいることを前提として構図が決められているので、人物を除くと画面がしまらなくなるからである。

テオはその常識を無視して、空舞台にこそ大きな意味を持たせた。そしてテオの空舞台は私たちを強く惹《ひ》きつける。むしろ人物がいた時以上に。あれはいったいなぜだろうか。もちろん空舞台の外から聞こえるさまざまな音や声の力にもよるのであるがそれだけではない。

テオの空舞台の力強さは、その舞台を今立ち去った人間に対するテオの強すぎる執着から来るのである。その意味で、みれんのカメラワークと名付けたい。と同時にテオには、今それが空舞台であったとしてもいつかそこに人間が登場してふたたび舞台になるのだという信念があるのである。その意味では希望のカメラワークと名付けるべきか。もっとも私にとっては、みれんと希望は同義語であるが。

テオ・アンゲロプロスにとってはギリシャ全土がそうした舞台なのであった。したがってカメラによるギリシャ現代史の試みであるこの映画の主人公が俳優たちであったのは当然である。俳優たちはギリシャ全土を舞台として、おのれの人生と舞台の配役と、それらを総合したギリシャ人としての役割を生き、そしてある者は死ぬ。ギリシャの誇りと弱さの象徴である父は妻を寝取られ密告されて銃殺される。ギリシャの大地たる母は、密告者であり裏切り者であり簒奪《さんだつ》者である男と通じ、我が子の銃弾によって舞台の上で死ぬ。抵抗者となり運動に身を投じた弟オレステスは母と情人への復讐こそ果たしたが、国内戦で遂に最後まで妥協することなく処刑されてしまう。その死体と対面して姉エレクトラは叫ぶ。

「おはよう、タソス！」

それは舞台の上での恋人の役名である。一家と民族の上にふりかかった惨劇の、自ら体験者であると同時に立会人でもあったエレクトラはなおもギリシャの悲劇を背負って生きつづける。彼女は新しい一座を組織し、妹の息子を新しいタソスとしてふたたび舞台の幕を開く。メーキャップを仕上げてエレクトラは彼にささやく。

「オレステス！」

その呼び声は私たちに伝わる。いや、伝わらなければならない。それはギリシャ人の民族としての魂の鼓動である。いや、世界中の圧政と占領と敗北と屈辱に打ちひしがれた民衆のそれでもなお希望を失わぬ魂の鼓動である。聞こえるだろう、音が。なに、聞こえないって？　日本人はいつから敗北と屈辱の歴史の味を見失ってしまったのか。あのアメリカ人ですらベトナムの敗北のなかからすぐれた作品を生み出しているというのに。日本人は、どうしたのだろう。あの八月十五日はまだそんな遠い昔でないのに。

特別付録

坂本龍一「オジさんの映画」「弔辞——大島監督……」

小山明子「戦メリに想いを寄せて」

オジさんの映画

坂本龍一

高校へ入った頃が一番よく映画を見ていた時期で、週に一度は新宿文化や京王名画座や新宿昭和館へ通っていた。麻布高校の一学年上に原正孝がいて、さかんに映研活動をやっており、麻布高校と僕の通っていた新宿高校の映研がミーティングをやる時には、僕も手伝ったりしていた。アメリカ文化センターでケネス・アンガーなんかの実験映画を見たり、テリー・ライリーのフィルムと音楽のインター・メディアに興味を覚えたりしたのもその頃だった。

当時、ゴダールやパゾリーニとならんで、日本の監督ではやはり大島渚が好きだった。最初に見たのが何だったかは忘れたが、『青春残酷物語』『日本の夜と霧』『日本春歌考』あたりは強く印象に残っている。その後、『新宿泥棒日記』『東京战争戦後秘話』『少年』『儀式』と続けて見たが、『新宿泥棒日記』や『東京战争戦後秘話』なんかは、まさに今僕らがやっていることを映画にしている〝同伴映画〟じゃないか、と思った。そのことは気持の悪いことではなかったが、所詮オジさんが作った映画だと思って見ていた記憶がある。10・21の時、大島渚が傘で機動隊を殴ったという噂を聞いて、オジさんにしてはなかなかやるじゃないかと思った。

今度『戦場のメリークリスマス』を一緒にやろうと思ったのは、そういった大島さんにまつわる記憶と、現在テレビに出て真剣に怒ったり笑ったりしている大島さんの姿をとても面白く感じたせいかも知れない。実際に会って仕事をしたら、思っていた以上に面白い人だった。ほとんど変人の域に達している。

七〇年代から八〇年代にかけて世の中はひどく変った。この時代の変化は、しかしまだ誰も言葉によって総括しえていない。これから時代がどこへ行こうとしているのかも、よく見えない。その中で僕がどう変っていくか、そして大島さんがどう変っていくか、見守っていくのもまた面白いことだと思っている。

（再録）

弔辞――大島監督……

あなたが亡くなられてから我が家では追悼のために「大島祭」をやっております。
あなたの処女作『愛と希望の街』から順番に観てきました。
最初にあなたの映画に出逢ったのは十五、六の時。
最初に観たのは確か『日本春歌考』だと思います。
今でもあなたの作品で中で一、二位を争うほど好きな作品です。
それ以来、あなたは僕のヒーローになりました。

そのヒーローであるあなたが、たったひとりで台本を脇に抱えて私に会いにきてくださいました。
大変驚きました。

あなたは私に「映画で出てください」とおっしゃいました。

それまで全く経験のない私は無謀にも「私に音楽をやらせてください」と頼みました。

あなたは「いいです。お願いします。」と即答されました。

そこから全てが変わりました。

今日《こんにち》あるのは大島監督、あなたのおかげです。

一緒にカンヌに行った楽しい日々のことも忘れられません。

『御法度』のときに、また懐かしい顔が一堂に会したことも忘れられません。

あなたは本当に偉大な映画監督であり、偉大な人間でした。

あなたのような社会を厳しく叱る人間がいなくなり、日本は少しつまらない国になったのかもしれません。

現在の日本という国を見て、あなたはどう思っておられるのでしょうか？

あなたの全てにありがとう。

安らかにお休みください。

坂本龍一

戦メリに想いを寄せて

小山明子

今年三月、坂本龍一さんが亡くなった。

あまりにも早い訃報に、言葉がなかった。七十一歳の若さでまだやりたいこと、沢山あったでしょうに、悔しい。

朝から、築地本願寺での大島の葬儀に、弔辞を読まれるお姿が写った。

「戦場のメリークリスマス」を、ピアノ演奏する坂本さんが、終日、テレビに流れた。もう四十年になるのに、いつまでも、皆さんに、愛される名曲だった。

今年四月十一日から、五月二十八日まで、没後十年、映画監督大島渚の、全作品が、国立映画アーカイブで、上映された。映画監督として初めて選ばれたのでいちばん喜んでいるのは、きっと大島だと思う。

私も、十一日の初日に『少年』上映後、映画評論家の樋口尚文さんとトークをした。

その後、七階にある展示室で、大島の初期の作品やら、資料、我が家から持ち出された品々を、なつかしく見て廻った。

そして最後に、戦メリの大きなポスターの前で、坂本さん、デヴィッド・ボウイに、はさまれて、記念撮影をして帰った。

鎌倉ペンクラブの仲間達、吉川さん、秋山さん、他三名で、『愛の亡霊』を観に行く約束をした。映画大好き、な仲間がいてくれて、うれしい。

戦メリは、大島の映画の中で、私のいちばんのお気に入りだ。四十年前の封切当日、大勢の観客にまざって、高校生の女子達が押しかけて、大変な盛り上がりだった。坂本さん、ビートたけしさんの人気もあっただろうが、キャストが魅力的だった。

彼女達から、ファンレターや、バレンタインチョコが送られて来て、今までの、大島の映画では、あり得ない現象が起きた。まる文字の、ファンレターをうれしそうに読む、大島の顔が目にうかぶ。

戦メリ少女達からは、大島が病いに倒れてから亡くなるまで、チョコレートは続いた。そして少女から、もう立派な大人の女性になった二人から、亡くなった後も、白いリボンをかけたチョコレートが届いた。こんなに、映画を通してファンに愛されるなんて、戦メリ恐るべし。

孫娘が、小学校六年生の時、ピアノ発表会で戦メリを、弾いてくれた。大島の七回忌にも、三人の孫達がそれぞれの楽器で、戦メリを聴かせてくれた。

私が死んだら、ピアノで戦メリを弾いてね。と、お願いしたけど、孫娘は東大生になり、ピアノをやめた。そこで、仲良しの吉川久子さんに、お別れの曲としてフルートで演奏してね、と、今からお願いしてある。

「ぴあ」の矢内廣社長が、大島渚賞を創設して下さった。坂本龍一さんを審査員長に、映画監督の黒沢清さん、荒木啓子PFFのディレクターで、スタートした。

二〇二〇年の第一回大島渚賞は、『セノーテ』の小田香監督に決定。

二〇二一年は、該当者なし。

二〇二二年には藤元明緒監督が、『海辺の彼女たち』で受賞した。

これからも若い人達の励みになれば、本当に嬉しい。

矢内廣社長のおかげと、心から感謝している。

そして、矢内社長からはこの連休に、藤沢にある鉄板グリル鎌倉山に、私と、武夫婦、新とが、ご招待頂いた。素敵な奥さまもおみえになって、大島のこと、これからの映画のことなどを話し合い、楽しいひとときを過ごした。何年ぶりかの美味しいステーキに大感激だった。

ラインを始めたばかりの私が、奥さまと交換して、家に帰ったらしばらくして、矢内マッキーこと麻貴子さんから、今、鎌倉に大島監督のお墓参りに来ています。とラインが入った。

矢内社長のおやさしいお心遣いに、感謝しつつ、大島は何と幸せな映画監督だったのかと、しみじみ、思いを新たにした。

（女優・エッセイスト、大島渚夫人）

編者あとがき

高崎俊夫

本書は、戦後日本を代表する世界的な映画作家、大島渚のエッセイ集である。

私は、以前から、ある視点で大島渚監督の書いたものを纏めてみたいという思いを抱き続けてきた。

昨年、国立近代美術館フィルムセンターで「映画監督　大島渚」特集が組まれ、『月見草』(59)という映画が上映された。『月見草』は、助監督時代の大島渚が、シナリオ同人誌『7人』に発表した『美しき水車小屋の少女』の映画化で、監督は新人の岩城其美夫である。大学受験に失敗して東京で予備校生活を送る兄の恋人(十朱幸代)を弟(山本豊三)が好きになる。しかし、二人は周囲の無理解と偏見に翻弄され、孤立し、彼女は懊悩の末に、悲劇的な死を選ぶ――。

大島監督は『体験的戦後映像論』(朝日選書)の中で「今となっては幼稚な気恥ずかしいシナリオであった。」と述懐しているが、私は、この「ロミオとジュリエット」

の変奏のような松竹大船調の古典的メロドラマに深い感銘を受けた。とくに、恋人同士となった二人を残酷に引き裂くのが、根深い貧困であり、頑迷で保守的な因習や社会制度であることを激しく指弾する、その物語の骨格は、デビュー作『愛と希望の街』（59）と『青春残酷物語』（60）の原型といえるものだった。もし、大島監督自身がメガホンをとっていたら、みずみずしくも悲痛な青春映画の傑作に仕上ったであろうと想像される。

かつて、大島渚監督は「西のゴダール、東のオーシマ」と喧伝《けんでん》されたように、難解かつ政治的で前衛的な映画作家としてあまねく認知されていた。実際に、大島監督はデビュー当時から、戦後日本映画の苛烈な批判者として自らを位置づけ、先行世代を全否定するような言説を常に表明し続けた。先頃、刊行された『大島渚著作集』全四巻（現代思潮新社）も、名高い「〈眠れる獅子―松竹大船〉を批判する」「それは突破口か？／日本映画の近代主義者たち」「〈ヌーベルバーグ〉を撲滅せよ」といった戦闘的な論考がほぼ網羅され、常に時代を変革してきたラディカルな表現者としての大島渚のイメージを補強する内容になっていると思われる。

しかし、私は、大島作品に接し、さらに書いたものに目を通すうちに、ポレミックな発言をする過激な論客としての貌とは別に、過敏なまでにセンチメンタルで抒情的な資質を隠し持つ大島渚がいるのではないかと思えてきたのである。

本書には、まさしく「わが封殺せしリリシズム」というエッセイを収めたが、私がクローズアップしたいのは、そのような大島監督の〈繊細で心優しいセンチメンタリスト〉の側面なのである。

第一章は、主に最初の著作『戦後映画・破壊と創造』（三一書房）からの再録で、『夜の鼓』ほかの映画評、とくに「岡田茉莉子は悪女になりうるか」「高峰秀子はいい奥さんか」などは、俳優に対して大島監督が抱く独特のイメージが鮮明に浮かび上がってくる出色のエッセイである。

第二章は、『儀式』（71）の公開時に朝日新聞に連載されていたコラム「わが思索、わが風土」を冒頭においた。このコラムを当時、読んで私は深く心を揺さぶられ、スクラップしておいたのである。当時、まだ一本も大島作品を見ていなかった私にとっては、大島渚という名前は、映画監督である前に、まず優れたエッセイストとして深く印象づけられたのだった。この連載コラムは、ほかに岡本太郎、武満徹、武田泰淳、吉田健一などの錚々たる面々が執筆しており、後に朝日選書の一冊として出版されたが、たぶん、大島監督の単著には収められていないはずである。

その大島渚のセンチメントがもっともあらわに表出されているのが追悼文である。なかでも伝説的な〈武闘派の映画評論家〉として知られた斎藤龍鳳の追悼はこのうえなく苦く、美しい。「龍鳳よ、斎藤龍鳳よ。ぼくは確かに君の叫びを聞いたよ。」という、独特の呼びかけるようなリフレインには、何度読んでも、胸を打たれる。

さらに、一九九三年六月に、くも膜下出血により急逝した盟友・川喜多和子さんの葬儀で大島監督が読んだ弔辞は、あたかも慟哭するような痛切な〈声〉の響きが忘れがたい印象を残す。

私は、この斎藤龍鳳の追悼文と川喜多和子さんの弔辞こそは大島監督によって書かれたもっとも感動的な文章ではないかと密かに思っており、本書に、このふたつの追悼文を収めることは、当初から考えていた。そして、本書の企画を夫人で女優の小山明子さんに説明し、ご快諾をいただいた際に、小山さんが、ふと「そういえば、森川英太朗さんが亡くなった時に、大島が読んだ弔辞もとても感動的だったわ」とおっしゃった。

小山さんの言葉が気になって、その後、手を尽くしたところ、森川英太朗監督のご遺族と連絡が取れ、大島監督の弔辞を入手することができた。

私は、今回、初めて知ったのだが、〈松竹ヌーヴェル・ヴァーグ〉を牽引し、封建的な武家社会を痛烈に批判した時代劇『武士道無残』を一本だけ撮って、撮影所を去った森川監督と大島監督は京都二中の同級生で、二人は永年の大親友だったのだ。この森川監督の葬儀で読まれた弔辞は、もちろん活字化されるのは、今回が初めてだが、やはり斎藤龍鳳、川喜多和子さんの追悼文に匹敵するような心を打つすばらしいものである。

大島監督は、その弔辞の最後で、森川監督が助監督時代に同人誌に発表した「壬生浪」というシナリオに触れている。ちょうど、その少し前に『御法度』の最初の製作発表が行われたために、新撰組を描いたその幻のシナリオとの奇しき因縁に言及しているのだが、この弔辞を読んだ直後、一九九六年二月に、大島監督はロンドンで脳出血に倒れるのである。

第三章は、小林信彦、淡島千景、美空ひばり、佐藤慶、武満徹、ビートたけし、アナトール・ドーマン、デビッド・ボウイほか親しい友人たちをめぐるポルトレである。多彩な顔触れもさることながら、その人物のキャラクターをさらりと軽妙洒脱に描きる、大島監督の卓抜なエッセイストとしての魅力を味わっていただきたいと思う。

数多くの単行本未収録の文章が収められたこのエッセイ集は、大島渚監督の未知なる魅力が発見できるはずである。

最後に、本書の企画にご賛同いただいた小山明子さん、清流出版株式会社社長の加登屋陽一氏に深く感謝いたします。

二〇一一年三月吉日

文庫版のための編者あとがき

高崎俊夫

このたび、大島渚監督のエッセイ集『わが封殺せしリリシズム』が文庫化されることになった。今年（二〇二三年）は、大島監督の没後十年にあたるが、その大きな節目の年にふさわしく、劇場では『愛のコリーダ』と『戦場のメリークリスマス』がリバイバル上映され、四月から八月にかけては、国立映画アーカイブで大規模な特集上映と大島監督自身が残した膨大で貴重な資料による「没後10年　映画監督　大島渚」も開催され、好評を博した。

特筆すべきは三月から六月にかけて鎌倉市川喜多映画記念館で、大島監督の盟友であったフランス映画社の川喜多和子さんを顕彰する企画展「ＢＯＷシリーズの全貌——没後30年　川喜多和子が愛した映画」が開催されたことである。会場の入り口には大きなパネルに、本書に収録されている川喜多和子さんの葬儀で読まれた大島監督の感動的な弔辞の全文が表示され、ひときわ目を惹《ひ》いた。期間中、私も「川喜多和子は、映画の自由、自由の映画を求める者たちのジャンヌ・ダルクだった」と題する講演を行なったが、このタイトル自体、その弔辞の一節から引いたものであった。担当した学芸員の方に伺ったところ、本書の大島監督の弔辞を読んで大いなる啓示を受け、企画展全体のコンセプトが決定されたとのことである。編者としては、まさに望外の喜びというほかない。

文庫化に際しては新たに「追悼　寺山修司　最期の日々」「欲望の視座」「希望のカメラワーク」という三つの素晴らしい文章を加えた。さらに特別付録として坂本龍一さんの回想風エッセイと大島監督の葬儀で読まれた弔辞、そして坂本龍一さんの死去を受けて、小山明子さんが書かれた「戦メリに想いを寄せて」を収録している。

本書によって世界的な映画監督・大島渚の類稀《たぐいまれ》なる名エッセイストとしての相貌《そうぼう》が明らかにされると確信している。

二〇二三年十一月吉日

〈編者プロフィール〉
高崎俊夫（たかさき・としお）一九五四年生まれ。『スターログ日本版』『月刊イメージフォーラム』『一枚の繪』編集部等を経て、フリーランスの編集者・映画評論家。編集した書籍に『ものみな映画で終わる 花田清輝映画論集』、『テレビの青春』（今野勉著）、『ジャズで踊って 舶来音楽芸能史 完全版』（瀬川昌久著）ほか多数。著書に『祝祭の日々 私の映画アトランダム』がある。

初出一覧

第一章　私の生存の意味

『夜の鼓』について……『映画批評』一九五八年六月号

今井正下手くそ説について……『映画批評』一九五八年十月号

作家の衰弱——『からっ風野郎』批判……『記録映画』一九六〇年六月号

『若者のすべて』について……『シナリオ』一九六〇年一月号

作家の現実意識と映画のイメージ——『地下鉄のザジ』……『スクリーン』一九六一年二月号

岡田茉莉子は悪女になりうるか……『映画批評』一九五八年十一月号

高峰秀子はいい奥さんか……『映画批評』一九五八年十二月号

仲代達矢か、皇太子か……『映画批評』一九五九年一月号

山本富士子と日本の頽廃……『映画批評』一九五九年二月号

私の生存の意味——滝沢英輔追悼……『映画芸術』一九六六年二月号

小川徹について……『大きな肉体と小さな精神』(小川徹著・七曜社・解説)一九六三年三月

虫明亜呂無の青春のすべて——『スポーツへの誘惑』……『映画芸術』一九六六年二月号

第二章　わが思索、わが風土

職業　幻想を現実化する……「朝日新聞」一九七一年掲載日不詳
犯罪　悪徳を自覚しつつ……「朝日新聞」一九七一年掲載日不詳
革命　秘め隠した渇望……「朝日新聞」一九七一年掲載日不詳
国家　黒い太陽のイメージ……「朝日新聞」一九七一年掲載日不詳
死と愛と　自他の魂への祭司……「朝日新聞」一九七一年掲載日不詳
歴史と悔恨――アンジェイ・ワイダ……『現代のシネマ6／ワイダ』(三一書房・解説）一九七〇年九月
幻の党派の友よ――斎藤龍鳳追悼……『映画芸術』一九七一年六月号
「近代主義」登場のころ――増村保造追悼……『月刊イメージフォーラム』一九八七年三月号
追悼　寺山修司　最期の日日……『現代詩手帖　追悼寺山修司』一九八三年六月号
わが封殺せしリリシズム……『東和の半世紀』一九七八年・非売品
欲望の視座……『ユリイカ』一九七七年七月号
強くやさしい女たちよ……『婦人公論』一九七八年八月号
弔辞――川喜多和子……一九九三年六月二十四日
弔辞――森川英太朗……一九九六年二月五日

第三章　俘虜と天使

「衰退」というタイトル――小林信彦……『別冊新評・小林信彦の世界』一九八一年十二月

重い声――淡島千景……『なごみ』一九九六年一月号

曇りない笑顔――美空ひばり……『なごみ』一九九六年二月号

「大庭組」専属助監督――大庭秀雄……『なごみ』一九九六年三月号

敵から学ぶ――永田雅一……『なごみ』一九九六年四月号

カンヌへの道――アナトール・ドーマン……『なごみ』一九九八年一月号

心の驕り――佐藤　慶……『なごみ』一九九八年二月号

俘虜と天使――デビッド・ボウイ……『なごみ』一九九八年四月号

ハラ軍曹の数珠――ビートたけし……『なごみ』一九九八年六月号

ただ一人の天才――武満　徹……『なごみ』一九九八年十一月号

希望のカメラワーク……『旅芸人の記録』パンフレット

特別付録

坂本龍一「オジさんの映画」……『イメージフォーラム』一九八三年四月号増刊

坂本龍一「弔辞――大島渚監督……」……ＫＡＢ提供

小山明子「戦メリに想いを寄せて」……『鎌倉ペンクラブ　Ｎｏ．29』二〇二三年七月

『わが封殺せしリリシズム』二〇一一年五月　清流出版刊

章扉デザイン　西山孝司（フラグメント）
写真　大島渚プロダクション（クレジットのないものはすべて）

本文中に、今日の人権意識に照らして、不適切な語句や表現が見られますが、執筆当時の社会的・時代的背景と作品の文化的価値、著者が故人であることを考慮して、原文のままといたしました。

中公文庫

わが封殺《ふうさつ》せしリリシズム

2023年12月25日　初版発行

著　者　大《おお》島《しま》　渚《なぎさ》

編　者　高《たか》崎《さき》俊《とし》夫《お》

発行者　安部順一

発行所　中央公論新社

〒100-8152　東京都千代田区大手町1-7-1

電話　販売 03-5299-1730　編集 03-5299-1890

URL https://www.chuko.co.jp/

DTP　平面惑星

印　刷　三晃印刷

製　本　小泉製本

Published by CHUOKORON-SHINSHA, INC.
Printed in Japan　ISBN978-4-12-207451-4 C1195

あ-75-3
沖田総司 新選組孤高の剣士
相川 司
労咳に倒れ若くしてこの世を去った新選組一番組頭、沖田総司。哀しげに語られることの多い彼の生涯を追い、新視点を加え新たな総司像を作り上げる。
206150-7

し-6-64
司馬遼太郎 歴史のなかの邂逅4 勝海舟～新選組
司馬遼太郎
第四巻は動乱の幕末を舞台に、新選組や河井継之助、緒方洪庵、勝海舟など、白熱する歴史のなかの群像を論じた人物エッセイ二十六篇を収録。
205412-7

し-6-43
新選組血風録
司馬遼太郎
前髪の惣三郎、沖田総司、富山弥兵衛……幕末の大動乱期、剣に生き剣に死んでいった新選組隊士一人一人の哀歓を浮彫りにする。〈解説〉綱淵謙錠
202576-9

し-15-10
新選組始末記 新選組三部作
子母澤 寛
史実と巷談を現地踏査によって再構成した不朽の実録。新選組研究の古典として定評のある、子母澤寛作品の原点となった記念作。〈解説〉尾崎秀樹
202758-9

し-15-11
新選組遺聞 新選組三部作
子母澤 寛
新選組三部作の第二作。永倉新八・八木為三郎・近藤勇五郎など、ゆかりの古老たちの生々しい見聞や日記で綴った、新選組逸聞集。〈解説〉尾崎秀樹
202782-4

し-15-12
新選組物語 新選組三部作
子母澤 寛
「人斬り鍬次郎」「隊中美男五人衆」など隊士の実相を綴った表題作の他、近藤の最期を描いた「流山の朝」を収載。新選組三部作完結。〈解説〉尾崎秀樹
202795-4

す-17-1
新選組１００話
鈴木 亨
新選組史、隊士列伝、縁りの人々など、新選組から見た動乱の幕末維新。子母澤寛以後の新選組研究の成果を紹介。資料メモを付す。〈解説〉赤間倭子
202763-3

た-13-10
新・東海道五十三次
武田泰淳
妻の運転でたどった五十三次の風景は——。自作解説「東海道五十三次クルマ哲学」、武田花の随筆「うちの車と私」を収録した増補新版。〈解説〉高瀬善夫
206659-5

各書目の下段の数字はISBNコードです。978－4－12が省略してあります。

た-13-11 **司馬遷** 武田泰淳
『史記』の構造を読み解きながら個人の力とその関係に着目した司馬遷の歴史観を浮き彫りにする。著者の第一著作にして代表作。〈解説〉中野重治／竹内　好
207260-2

た-13-12 **貴族の階段** 武田泰淳
陸軍大臣と父・公爵の密談から、青年将校の蹶起計画を知った氷見子は。二・二六事件前夜の貴族と軍人の暗闘を、氷見子の目を通して描く。〈解説〉奥泉　光
207273-2

た-13-5 **十三妹《シイサンメイ》** 武田泰淳
強くて美貌でしっかり者。女賊として名を轟かせた十三妹は、良家の奥方に落ち着いたはずだったが……中国古典に取材した痛快新聞小説。〈解説〉田中芳樹
204020-5

た-13-6 **ニセ札つかいの手記** 武田泰淳異色短篇集 武田泰淳
表題作のほか「白昼の通り魔」「空間の犯罪」など、独特のユーモアと視覚に支えられた七作を収録。戦後文学の旗手、再発見につながる短篇集。
205683-1

た-13-7 **淫女と豪傑** 武田泰淳中国小説集 武田泰淳
中国古典への耽溺、大陸風景への深い愛着から生まれた、血と官能に満ちた淫女・豪傑の物語。評論一篇を含む九作を収録。〈解説〉高崎俊夫
205744-9

た-13-8 **富士** 武田泰淳
悠揚たる富士に見おろされる精神病院を舞台に、人間の狂気と正常の謎にいどみ、深い人間哲学をくりひろげる武田文学の最高傑作。〈解説〉堀江敏幸
206625-0

た-13-9 **目まいのする散歩** 武田泰淳
歩を進めれば、現在と過去の記憶が響きあい、新たな記憶が甦る……。野間文芸賞受賞作。巻末エッセイ「丈夫な女房はありがたい」などを収めた増補新版。
206637-3

む-26-1 **女の足指と電話機** 虫明亜呂無
三島由紀夫、寺山修司らに絶賛された虫明亜呂無。女性の生き方や感受性、美意識を映画や文芸を手がかりに読み解く珠玉のエッセイ集。編集・高崎俊夫
206317-4